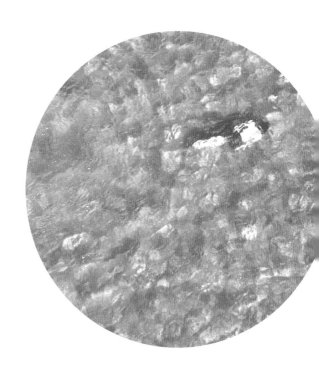

멀어질수록 행복해진다

관계 지옥에서 해방되는
개인주의 연습

쓰루미 와타루 — 배조운 옮김

위즈덤하우스

인간의 모든 불행은

고요한 방에 홀로 가만히 앉아 있지 못하는 데서 온다.

_블레즈 파스칼Blaise Pascal

모든 고민은
인간관계에서 비롯된다

눈을 감고 한번 물어보자.

'지금까지 살면서 나를 가장 힘들게 만든 고민은 무엇이 었나?'

내 삶의 가장 큰 고민은 두 번 생각할 것도 없이 '인간관계'였다. 이 책을 쓰기 시작하면서 10대, 20대에 썼던 일기를 하나하나 꼼꼼히 읽어봤다. 열에 아홉은 사람 때문에 생긴 고민의 토로였다.

직장 동료나 학교 친구들, 가족, 연인은 물론이고 온라인 상에서 만난 사람들과의 소통까지, 한 사회 안에서 살아가는 일은 모두 인간관계의 연장선이다. 심리학자 알프레드

아들러 역시 "인간의 모든 고민은 인간관계에서 비롯된다"라고 말했다. '모든 고민'까지는 아니더라도 '가장 고민스러운' 일로 관계의 문제를 꼽는 사람이 많을 것이다.

그런데 왠지 이런 고민은 다른 사람에게 털어놓기도 어렵다. 대부분 고민이 없는 척 잘 살아가는 듯 보인다. 말을 하면 불편해지기 때문이다. 친구들 사이에서 누가 나를 싫어한다거나, 내가 누군가를 싫어한다는 이야기, 혹은 누군가가 견딜 수 없이 불편하다는 이야기는 나이를 먹을수록 쉽사리 입 밖에 내기가 꺼려진다. 말해봐야 내 얼굴에 침 뱉는 일처럼 느껴지기도 한다.

뉴스에서는 관계에 대한 이야기보다는 사회적인 문제를 주로 다룬다. 나도 고등학생 때나 회사에 취직했을 때 죽을 듯이 힘들었는데, 그때는 학교나 입시, 회사 같은 사회제도가 문제라고 여겼다(물론 제도적인 이유도 중요하므로 가볍게 다루어서는 안 된다). 그런데 지금에 와서 그때의 일기를 다시 읽으니, 단순히 그곳에 같이 있던 '인간'이 가장 큰 원인이지 않았나 하는 생각이 들었다. 인간관계가 좀 더 원만했더라면 똑같은 제도 속에 있어도 내 마음은 전혀 달랐을 것이다.

그래서 불쑥불쑥 이런 의문이 튀어나왔다.

'한 사람을 불행하게 만드는 가장 큰 원인은 가까이 있는

다른 사람이 아닐까?'

아무래도 이 질문을 좀 더 진지하게 파고들 수밖에 없었다.

마음의 문제도 마찬가지다. 고등학교 시절 나는 사회불안장애를 겪었다. 만약 당시 주위의 시선이 좀 더 친절했다면 나의 증세도 완전히 달랐을 것이다. 다시 말해, 마음의 병을 일으키는 원인도 다른 '사람'과 엮여 있을 때가 많다.

그런데도 우리는 인간관계 문제를 그리 심각하게 여기지 않았다. 아이들의 따돌림이 문제시된 시기는 80년대 중반부터였다. 부모가 자식에게 휘두르는 폭력을 문제 삼기 시작한 것은 훨씬 더 나중의 일이다. 길고 긴 역사 속에서 인류는 어떻게 이런 괴로움을 처리해왔을까?

인간관계 고민을 어떻게든 해결하려면 법칙을 정해야 한다. 이 책은 바로 그 법칙에 대한 고민의 결실이다.

인간은 원래 잔혹하다

–

이 책의 결론을 한마디로 말하자면, '인간은 잔혹한 면이 있는 존재이므로 조금 떨어져서 관계를 맺자'이다.

어릴 때 우리 집에서는 형이 가족들과 자주 부딪혔다. 괴롭힘과 폭력도 빈번히 일어났다. 가장 많이 당한 사람이 나였다. 이상하지 않은가? 우리는 어린 시절부터 우정도 연애도 부모와 자식 간의 사랑도 형제애도 모두 아름다운 것이라고 배웠는데 말이다. 이젠 그렇지 않은 면이 있다는 걸 받아들여야 한다. 인간관계는 좀 더 잔혹하다. 원래 뭐든지 조금이라도 좋은 면이 있으면 나쁜 면도 있는 법이다.

성선설이라는 그 이상한 이론 때문에 인간 사회에는 사람과 사람이 너무 가까운 거리에 갇혀 지내도록 하는 안일한 제도가 만들어졌다. 이 제도로 행복도 생기지만, 동시에 걷잡을 수 없는 비극노 생겨난다. 학교에서의 따돌림, 심각한 가정 폭력이 끊임없이 일어나는 이유도 사람들끼리 너무 가깝게 갇혀 있기 때문이다. 사람이 자주 드나드는 집단이라면 한 사람을 열심히 따돌리고 괴롭혀봤자 전혀 효과가 없을 텐데 말이다.

적절한 거리 두기가 어려운 상황도 많은데, 그럴 때는 의외로 간단하게 마음의 거리를 떨어뜨릴 수 있다. 지나치게 가까운 거리를 조금 떨어뜨리고 한층 더 나아가 반대편과 통하도록 열어둔다. 그러면 혹 괴롭힘이나 공격을 당해도 치명상이 되지는 않는다.

지금까지와는 다른 장소가 필요하다

–

과거의 인간관계는 지금보다 좀 더 심플했다. 대부분 가정, 회사, 학교라는 세 영역 안에 갇혀 있었다. 50~60년대의 결혼율은 세계 최고 수준이어서 거의 모든 사람이 가정을 이루었다. 종신 고용과 장시간 노동으로 가장은 대부분의 시간을 회사에서 보냈다. 그때는 아이들의 등교율도 굉장히 높았고 방과 후 동아리 활동까지 했다.

그러나 90년대쯤부터 더 이상 가정을 이루지 않는 사람이 늘었고 종신 고용은 줄었으며 등교를 거부하는 아이들이 늘고 있다. 다시 말해 가정, 회사, 학교라는 세 영역으로부터 사람들이 떠나기 시작했다. 여기엔 물론 사회적 변화의 영향도 있다. 하지만 자발적인 계기가 크게 작용했다고 본다. 사람들은 이제 힘들고 견디기 어려울 때 끝까지 참지 않는다. 얼른 그만두고 만다. 바로 '침묵의 혁명'이다.

그런데 여기서 또 새로운 문제가 발생한다. 여태껏 인간은 세 가지 영역 속에서만 살아왔기 때문에, 기존 조직에서 벗어나 자리 잡을 다른 장소가 없다. 현대에 들어 많이 조명되는 고립 문제도 그런 이유 때문이다. 적당히 거리를 둔 유동적인 인간관계가 많아져야 한다. 꽉 막히고 밀착된 인간

세계를 가장자리부터 서서히 무너뜨려야 한다.

적당히 되는대로 하자

–

더 나은 인간관계를 위해 더 노력하고, 더 성실히 책임지고, 더 열심히 집중하면 문제가 해결될까? 그렇지 않다. 싫어하는 사람의 싫어하는 부분을 매일 신경 쓰면 괴로움만 커질 따름이다. '열심히'가 아니라 '적당히', 되는대로 대충 해야 한다. 좀 더 느긋하게, 마음을 흐트러뜨려야 한다. 그게 바로 행복으로 가는 방향이다.

나는 마음의 병 때문에 항상 어떤 문제점이나 부정적인 가능성에만 신경을 집중했고, 그래서 평생을 답답한 상태로 살았다. 성실하게 열심히 사는 것은 문제를 해결하기보다는 오히려 괴로움을 극대화하는 길인 경우가 많았다.

그런 의미에서 내가 밤낮없이 머릿속에서 되뇌는 노래 한 소절로 긴 이야기를 시작해보고자 한다.

'모든 일은 될 대로 될 거야. 나중 일은 몰라.'

쓰루미 와타루

차례

1장   아무에게나 곁을 내어주지 말 것

2장　　　　　가족이란 이름의 지옥에서 해방될 것

1장   아무에게나 곁을 내어주지 말 것

●

서문에서 고백했듯 과거의 내 일기는 인간관계에 관한 고민으로 가득 차 있었다. 정확히 말하면 대부분 친구, 그리고 가족도 연인도 아닌 수많은 주변 사람과 관련된 내용이었다. 살아가면서 스치는 수많은 인연과 관계를 맺을 때 나만의 어떤 노하우를 갖고 그 방식대로 대했다면 그때만큼 괴롭지 않았을 것이다.

집단에서 멀어지자
병이 나았다

수많은 시선으로 둘러싸인 고등학교 교실 속에서 나는 지독한 마음의 병을 얻었다. 남의 눈을 지나치게 의식하는 병이었다. 그 병은 인간관계가 더 유연한 대학에 가니 조금 잦아들었다. 대학의 인간관계는 유동적이어서 가까운 사람이 거의 없어도 괜찮았다. 그렇다고 해서 아무도 만나지 않는 기간이 길어지면 그 또한 힘들었다.

취직해서 다시 시선이 빽빽한 직장에 들어갔더니 똑같은

마음의 병이 도졌다. 프리랜서 작가가 되고 나서는 사무실과 같이 '사람들이 밀집한 장소'에 발길을 완전히 끊었다. 살면서 처음 해본 선택이었다. 책이 팔리고, 원고 집필에 몰두하거나 인터뷰도 하면서 이야기를 나눌 수 있는 친구 찾기도 훨씬 쉬워졌다. 그러다 보니 마음의 병은 사라졌다. 책이 팔리면서 환경이 급격하게 변화한 영향이 컸을 터이므로 병을 고친 방법이 그다지 일반적이지는 않다. 충격요법과 비슷한 방법으로 볼 수 있겠다. 그래도 사무실이나 교실 같은 숨 막히고 경직된 환경에서 멀어진 점, 이야기 나눌 친구와 쉽게 만날 수 있었던 점이 마음에 꽤 긍정적인 영향을 미쳤던 것 같다.

사회는 당신이
모두와 똑같아지기를 원한다

내 경험을 완전히 일반화할 수는 없겠지만, 사회생활을 하다 보면 타인의 시선에 갇히는 것을 아무래도 피하기가 어렵다. 특히 남에게 관심 갖는 사람이 많은 조직, 그 시선들이 자기에게 쏠린 듯한 장소에 있으면 '저들이 날 어떻게 볼까'라는 생각에 자연스레 휘둘리게 된다. 당연한 일이다. 또 단순히 타인의 시선이 많은 것을 떠나, 부정적인 시선으로 가득 찬 곳이라면 그러한 심리적 부담이 한층 더 커질 수밖에 없다. 내가 한때 몸담았던 교실과 직장이 그런 곳이었다.

그러므로 인간관계에 대한 고민은 '혼자 지낼 것인가, 아니면 사람들과 어울릴 것인가'라는 단순한 양자택일로 해결될 문제가 아니다. 자신을 부정하는 인간관계로부터 멀어지려는 태도가 무엇보다 중요하다. 똑같은 관계일지라도 상대가 나를 부정하느냐, 존중하느냐에 따라 그 영향은 천지 차이다.

일반적으로 하나의 사회 집단은 크게든 작게든 '표준화'를 강요한다. 개인에 대한 구속이 심한 집단 내에서 다른 사람과 똑같아지려고 해봤자 문제는 해결되지 않는다. 그럴 때일수록 집단과 거리를 두어야 한다. 더불어 소속 집단을 쉽게 바꿀 수 있도록 미리 준비해두면 좋다. 물론 간단하게 멀어질 수 없을 때도 많으므로, 마음속으로 거리를 두어 멀어지는 기술도 쓸 수 있다. 1장에서는 다양한 거리 두기 방법을 소개하려고 한다.

사람으로 꽉 찬 상자는
인간에게 어울리지 않는다

우리는 교실이나 사무실같이 '사람으로 꽉 찬 상자'에 소속되는 것이 당연하다고 생각한다. 그 상자 속에서 맺는 인연들이야말로 본격적인 인간관계'의 시작이라고 여긴다. 하지만 애초에 이 상자가 인간과 어울리지 않는 것은 아닐까? 나는 그렇게 생각한다.

아이가 태어나고 학교에 들어가면 그때부터 조직에 속하는 훈련이 시작된다. 운동회나 아침 조례같이 수많은 특별활동을 거치면서 말이다. 그런데 산업혁명 시기 이전, 공립학교도 공장도 없던 사회에서는 '한평생 상자 속에 사는 인생'이란 상상도 못 할 일이었다. 지금의 사회 시스템은 최근 약 200년 사이에 자리 잡힌 형태다. 인류는 이제 그만 이 과도한 상자에서 나와야 한다.

상자 속 인생에 지친 사람을 위한 다른 선택권이 있어야 했다. 생각해보면 내가 상자에 들어가 있던 시간은 인생의 절반 정도였다. 상자에서 나온다고 해서 누구나 무조건 행복해지는 것은 아니지만, 나는 나오길 잘했다고 생각한다.

타인의 시선을
기준으로 살지 않는다

불안을 떠나 다정한 시선 속으로 가자

앞서 밝혔듯 나는 고등학생 때부터 사회불안장애를 겪었다. 미국에서도 열 명 중 한 명꼴로 걸린다는 이 병은 한마디로 '다른 사람이 나를 나쁘게 볼까 두려워서 대인 관계에 지장이 생기는 증상'이라 말할 수 있다. 당시 나는 남이 나를 어떻게 볼지를 필요 이상으로 신경 쓰는 상태였다.

물론 타인의 시선을 전혀 의식하지 않는 사람은 없을 것이다. 그렇다면 남을 '과도하게' 의식하는 상태란 어느 정도를 말할까? 최소한 자신의 의지로 하고자 하는 일에 매사 걸림돌이 되는 정도라면, 남은 인생을 위해서라도 돌파할 필요가 있다. 꼭 과거의 나처럼 불안장애가 있지 않더라도 누구나 상황이나 환경에 따라 이런 상태에 빠질 수 있다. 정도의 차이일 뿐, 누구에게나 해당하는 문제다.

'아무도 나를 신경 쓰지 않으면 좋겠어'

–

과거에 나는 지하철을 이용하는 것이 불편했다. 지하철 의자에 앉아 있으면 반대편 사람이 나를 쳐다보는 것 같아서 고개조차 들지 못했다. 누군가 나를 보고 있다는 생각에 경직되어 움직임도 어색해졌다. 학교에서는 사람들 앞에서 말을 잘 못 한다는 사실을 들키고 싶지 않아서, 수업 시간에 내 이름이 불릴까 봐 긴장한 탓에 수업 내용에 제대로 집중하지 못했다. 또 친구와 학교 복도에서 마주치면 어찌할 바를 몰랐다. 반대편에서 나를 향해 친구가 걸어오면 말을 걸까, 못 본 척할까, 어떻게 지나가야 이상하게 생각하지 않을까 고민하느라 아주 정신이 없었다. 그리고 이 불안을 들키지 않으려고 허둥대다가 더욱 당황했다. 인사를 해도, 하지 않아도 나를 이상하게 볼 것 같아서 결국엔 풀이 죽었다.

　더 심한 증상도 얼마든지 있었지만 여기까지만 이야기하겠다. '이런 괴로움은 겪어본 사람밖에 몰라'라는 식의 말을 정말 안 좋아하지만, 이 일만큼은 정말로 그 말이 딱 들어맞는다.

'아무도 나를 신경 쓰지 않으면 좋겠어.'

상태가 제일 심각했을 때에 내 머릿속은 항상 이런 생각으로 차 있었다. 구체적으로는 '철저하게 평범해지길' 원했다. 누구와도 교류하지 않고 숨어 있는 상태와는 다르다. 그러면 오히려 눈에 띄어 친구들의 관심을 받을지도 모르기 때문이다. 너무나 평범하고 평범해서 아무도 나의 존재를 알아채지 못하고 관심 갖지 않는 상태, 그것만을 원했다.

이제 와 생각하면 이건 나 자신을 죽이는 길이나 다름없었다. 살아 있으면서도 죽어 있는 것.

'저 사람이 날 어떻게 생각할까?'

–

남의 눈을 지나치게 의식하면 일상의 매 순간 '저 사람이 나를 어떻게 생각할까'라는 생각에 짓눌린다. 그렇다면 어디서부터가 '지나친 의식'일까? 바로 '주객이 전도된 때'다. 다른 사람의 시선이 주가 되고, 그것을 기준으로 움직이기 시작했다면 이미 주객이 전도된 상황이다. 거기서부터 진짜 고통이 시작된다. 남의 시선을 너무 신경 쓰지 말라고 말은 많이들 하지만, 사람들이 많고 서로를 관찰하는 장소에 있다면 그 말을 따르기가 더욱 어렵다.

언젠가 성인이 된 후 내가 다닌 고등학교 축제에 갈 일이 있었는데, 복도에서 '여기가 이렇게 좁았나?' 하고 사뭇 놀랐다. 함께 지나가는 사람과 어깨가 닿을 정도로 좁았다. 지금의 내 생활에서는 이렇게 사람이 가득 찬 장소에서 오랜 기간 지내는 삶을 상상도 할 수 없다.

사회불안장애는 십 대 중반에 발병하는 케이스가 가장 흔하다. 아마도 좁은 학교에서 겪게 되는 시선 때문이라고 짐작한다. 특히 내가 고등학생일 때는 특정 사람들을 관찰하고 희화화하는 한 코미디언의 개그가 인기를 끌어 그런 장난을 주고받는 게 하나의 문화였다. 모두가 그 코미디언 흉내를 내며 같은 반 친구들을 놀렸다. 개중엔 그렇게 하고 싶지 않아도 자신을 지키기 위해 동참한 친구도 많았을 것이다.

타인의 시선이 빽빽할 뿐 아니라 그 눈길에 악의까지 담겨 있다면, 더더욱 남의 시선에 몰두하게 될 수밖에 없다. 신경 쓰지 않으면 자기가 공격당할 수 있기 때문이다. 사회불안장애는 실패의 경험에서 비롯되는 경우가 많은데, 주로 남들의 웃음거리가 되는 경험이 발병 원인이 되기 쉽다.

나를 존중하는 관계 속에서 '살아 있을' 것

–

그렇다면 이 시선에서 자유로워질 방법이 있을까? 이미 신경이 쓰이기 시작한 이상 그러기는 쉽지 않을 것이다. 이럴 땐 무엇보다도 일단 시선으로 가득 찬 장소에 오래 머무르지 않는 것이 중요하다. 특히 악의가 담긴 시선 속에서는 한순간도 머무르지 않아야 한다. 그 대신 따뜻한 시선이 있는 곳으로 가면 된다.

특정한 상황에서 불안을 느낄 때 그 상황에 반복적으로 맞닥뜨리는 훈련을 통해 마음을 단련하는 심리 치료가 있다. 하지만 경우에 따라 이런 방법이 더 큰 부작용을 낳기도 한다. 반대로 완전한 회피를 택한다면? 같은 스트레스에서는 벗어나겠지만 동시에 평생 해결할 기회도 잃어버릴 것이다. 그리고 하나의 문제를 피하려고만 하면 그로 인한 불안은 다른 대상으로 전염된다. 이것은 의학계 정설이기도 하다.

그렇기 때문에 더 적극적으로 '나를 존중해주는 관계'를 찾고 거기에 익숙해져야 한다. 이 방법은 불안증까지는 아니지만 단순히 남의 시선을 의식하는 수준인 사람에게도 효과가 있다. 좀 더 증상이 심하다면 지원 모임이나 자조 모임도 활용할 수 있다. 어찌 되었든 친절하고 여유로운 인간관계로 갈아타야 한다.

그것이 바로 이 책의 목표다.

무엇인가에 복종하며 살아가는 삶에 만족감이 있을 리가 없다. 복종의 대상의 시선이 될 때도 마찬가지다. 자신을 죽이지 않고 주체적으로 사는 삶은 그 자체만으로도 살아 있다는 느낌을 준다.

동료 따돌림에
가담하지 않는다

(다수의 편에 평화는 없다)

대학 졸업 직후에 입사한 첫 회사는 직장 내 따돌림의 온상이었다. 대기업 제조사의 지방 공장이었는데, 나는 사무 업무직이었고 내가 소속된 팀은 총 여덟 명이었다. 그런데 그 여덟 명 중 중년 남자 직원 한 명은 팀원 누구와도 말을 섞지 않았다. 들어간 지 얼마 안 되어 사정을 잘 몰랐던 나는 그분이 말을 걸면 같이 대화를 나누곤 했다.

어느 날 다른 여성 팀원이 슬쩍 말했다.

"저 사람이랑 말 섞지 마세요."

이유도 모를뿐더러 이런 일에 휘말리고 싶지 않았기 때문에 나는 여전히 그를 멀리하지 않았다. 그리고 머지않아

나도 점차 따돌림의 대상이 되기 시작했다.

　따돌림당하는 사람이 있으면 그와 교류하는 사람도 어느새 같이 따돌림을 당한다. 과거 촌락 사회 중엔 이런 규칙이 확실하게 정해져 있던 곳도 있었다. 모두와의 약속인 '절교'를 지키지 않으면 크건 작건 제재를 받는 것이다. 그런데 이 규칙, 지금의 우리 사회와도 너무나 닮아 있지 않은가?

　동료들 사이에서 따돌림이 생겼을 때 어떻게 하면 좋을까? 물론 단순한 따돌림에 핑계는 없지만, 신입사원 시절의 나에게 '그런 분위기는 무시해라'라고 간단히 말할 수 있을까? 타인도 중요하지만 자신의 안전도 지켜야 하기에 간단히 답할 수 있는 문제는 아니다.

관계적 공격

–

보통 촌락 사회의 생활에서 가장 심한 제재는 모두와 절교하는 '따돌림'이었다. 아무도 상대해주지 않을 뿐 아니라 우물에 쌀겨를 뿌리거나, 밭에 잡초를 뿌리는 등 한층 더 심한 제재도 있었다. 요즘 세상에 이런 괴롭힘을 가했다가는 인권침해로 강력하게 비난받을 것이다. 그 대신 훨씬 더 교묘한 방식의 따돌림 문화가 생겼다.

누군가를 공격할 때는 그 사람을 직접적으로 괴롭히는 방법만 있는 것이 아니다. 친구 관계를 조작해서 사람을 괴롭히는 방법은 상당히 자주 이용된다. "저 사람이랑 말 섞지 마세요"라는 말을 하는 것이 극단적인 예시다. 교내 따돌림 피해자에게서도 "가해자가 직접 괴롭히는 것보다 친구에게 배신당해서 힘들었다"라는 말을 몇 번이나 들었다. 그 정도로 영향력이 큰 공격이다.

'관계적 공격'이라는 것이 있다. 즉 당사자가 아니라 인간관계를 이용해서 공격하는 것이다. 아시아권에서 나타나는 따돌림의 가장 흔한 특징은 '무리에서 제외하기'나 '무시'가 상당히 많다. 어떤 사람과 갈등이 있을 때, 그를 뺀 다른 친구들과의 사이를 더 돈독하게 맺거나 상대방에게 그 모습을 과시하여 점차 눈에 띄게 하는 방법이다. 이 또한 인간관계를 이용한다는 점에서 관계적 공격과 공통점이 있다.

다수보다 자존의 편에 서라

-

따돌림에 휘말려버렸을 때 대처하기란 쉽지 않다. '똑같이 당할' 위험이 있기 때문에 그 상황을 간단히 빠져나갈 수도 없다.

그러나 최소한 행동의 방향을 수정할 수는 있다. 상황이 허락한다면 주변의 눈치를 보지 않고 소신껏 행동하려는 의식적인 노력이 필요하다. 어떤 사람이 무섭거나 위험하다고 느낀다면 먼저 다가가지 않는다. 심한 따돌림이라고 생각하면 동조하지 않아도 괜찮고, 반대해도 괜찮다. 남을 괴롭히는 집단이라면 같이 어울리지 않아도 괜찮다는 명확한 기준을 세운다.

누군가 먼저 나서서 한 사람을 따돌리기 시작하고 모두 거기에 동조하는 상황은 바람직하지 않다. 각자 강요 없이 스스로 판단해야만 한다. 이렇게 바뀌어간다면 설령 내가 따돌림을 당해도 누군가가 쉽게 내 편이 되어줄 수 있을 것이다. 이런 사람이 다수가 된다면, 까닭 없는 따돌림도 이 세상에서 사라질 것이다.

무엇보다 가장 명심해야 하는 것이 있다. 이제 더 이상 힘이 강한 쪽, 다수인 쪽을 기준으로 인간관계를 맺지 말자. 어리석은 군중의 꼭두각시로 사는 자신을 자랑스럽게 생각할 수 있는 날은 오지 않을 것이다.

친구 없는
시기가 있어도 괜찮다

재수 1년을 마치고 대학에 들어갔을 때 나는 사람과의 교류를 거의 피하며 지냈다. 입시 시험이 끝나기 무섭게 오는 친구들의 연락도 피했고, 입학 후 쏟아지는 술자리 부름에도 일절 응하지 않았다. 친구들은 이런 나를 이상하게 여겼을 것이다.

이유는 하나였다. 더 이상 그 관계를 지속하고 싶지 않았다. 모여서 주고받는 말이라곤 누군가를 도마 위에 올리고 흉보거나 놀리는 얘기뿐이었다. 때론 내가 그 대상이 될 때도 있었다. 그러면 그에 대항하기 위해 나도 똑같이 상대를 놀리며 갚아주곤 했고, 집에 돌아오면 내가 들은 말, 뱉은 말이 계속 머릿속을 떠돌아 스트레스에 시달렸다. 험담이 기본인 모임에서 자리를 비운다는 건 매우 위험하고 찝찝한 일이지만, 이쯤 되니 이제 어떻게 되든 상관없다는 마음이 되었다. 넌더리가 났다.

그 인간관계는 필요 없었다

–

술자리 약속을 거절한 뒤로는 매일 혼자서 음악을 듣고 책을 읽었다. 초봄의 따스한 풍경을 즐겼다. 이즈음에 쓴 일기를 읽어보면 후련하고 평화로운 필치에 왠지 가슴이 뜨거워진다. 색깔로 표현하자면 고등학생, 재수생 시절의 새카맣던 일기에 어렴풋이 빛이 스미는 것 같았다.

매일 누구와도 이야기하지 않고 지내며 깨달은 사실이 있다.

그 인간관계는 필요 없었다.

학교나 학원에서 나만 혼자 있게 될까 봐, 내가 모임에 가지 않으면 뒷담화를 할까 봐 열심히 쌓아온 인간관계였다. 그러나 학교 밖으로 나와보니 이런 관계는 차라리 없는 편이 행복에 도움 됐다. 정말로 좋은 관계라면 학교에서도 학교 밖에서도 어떻게든 만나고 싶지 않았을까.

내가 의식적으로 작정하고 끊어냈기 때문에 대학 이후에는 더 이상 불필요한 관계에 끌려다니지 않을 수 있었다. 그리고 이것은 관계를 대하는 내 삶의 태도를 대전환한 큰 사건이었다.

친구가 많으면 좋다는 착각

–

'인간관계를 만드는 편이 좋을까, 아니면 혼자 있는 게 좋을까?'

이런 질문은 사실 별로 바람직하지 않다. 다른 사람과 어울리는 것도, 혼자 있는 것도 장단점이 있다. 다만 오랫동안 인간 사회에서는 인간관계가 넓은 사람과 고독한 사람을 대척점에 두고, 친구가 더 많은 쪽을 행복하게 바라보는 시선이 있었다. 그리고 최근에는 반대로 고독의 편을 들기 시작했다.

나는 둘 중 어디에도 해당하지 않으며, 둘 중 어디에도 속하고 싶지 않다. 일단 '함께하는 삶'과 '독립적인 삶'을 대척점에 둔 전제부터가 틀렸다고 생각한다. 우리가 양극단에 두고 구분해야 할 것은 '내가 부정당하는 인간관계'와 '내가 인정받는 인간관계'다. 고독은 부정도 인정도 아닌 그 한가운데의 무풍지대다.

인간관계와 고독의 인식 방법

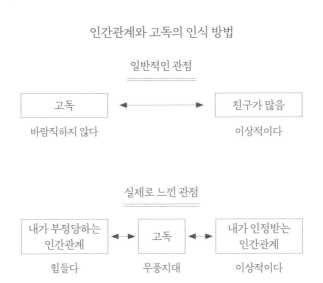

자신을 부정당하는 관계에 얽혀 있다면 차라리 친구가 없는 편이 훨씬 낫다. 유쾌하지 않은 인간관계는 차라리 모두 정리해버려도 나쁘지 않다는 말이다.

'친구가 아예 없는 것이 가장 좋다'고 생각하는 사람이 아예 없지는 않겠지만, 보편적인 생각은 아니다. 나도 그렇게까지는 바라지 않는다. 어쨌든 자신의 존재를 있는 그대로 받아들여주는 인간관계가 있는 편이 훨씬 이상적이기 때문이다.

친구는 좋은 것일까, 나쁜 것일까? 가족은? 이런 질문에는 쉽사리 답하기가 어렵다. 다만 분명한 건 친구든 가족이든 나 자신을 부정해야 하는 관계라면 없는 편이 낫다는 사실이다. 단순히 그런 관점에서 관계를 판별해야 한다.

사람들과 어울릴 것인가, 혼자 지낼 것인가와 같이 극단적인 양자택일로 생각하는 것은 위험하다. 예를 들어 학교에서 인간관계로 힘들어하던 사람이 나중에 사람과의 관계를 아예 포기해버릴 수도 있기 때문이다.

인정 욕구의 힘

-

인간은 누구나 타인에게 인정받고 싶어 하는 욕구가 있다. 인정 욕구는 '매슬로의 5단계 욕구' 중 네 번째 단계에 꼽힐 정도로 중요한 욕구이기도 하다. 관계 속에서 인정 욕구가 충분히 충족되는 것만으로 우리는 자존감을 높이며 살아갈 수 있다. 이 욕구에서 완전히 자유로울 수 있는 사람은 없다.

내가 말하고 싶은 건 인간관계는 가급적 '내가 인정받는 관계' 위주로 맺어야 한다는 것이다. 다른 무엇보다 그게 중요하다. 내가 뒤에서 이야기할 '사회부적응자들의 모임'을 만든 이유도 그 때문이다. 인정받는다는 것은 대단한 칭찬이나 추앙을 받는 것을 의미하지 않는다. 이야기를 할 때 상대가 조용히 끄덕여주기만 해도 사람의 인정 욕구는 충족된다. 서로를 존중하고 존중받는 관계 속에서 평생 살아갈 수 있다면 행복은 이미 내 것이나 다름없다.

괴로울 때
도망칠 자리를 만든다

당신에게는 '나의 자리'라고 말할 만한 공간이 있는가? 여기서 말하는 '자리'란 단순히 물리적인 장소를 의미하는 게 아니다. 다른 사람과의 유대, 교감이 형성되는 곳이라면 특정 장소일 필요도 없다. 마음 편하게 드나들 수 있는 단골 술집이 될 수도, 정기적으로 참석하는 독서 모임도 괜찮다.

가정이나 직장, 학교는 구성원이 명확히 정해져 있는 아주 '견고한' 관계의 장이다. 반면 친구나 지인끼리 만나는 자리는 '여유로운' 관계의 장이다. 가능하다면 여유로운 관계의 장을 두 군데 정도 마련해두면 좋다. 가령 같은 취미 생활을 공유하는 모임, 동종업계에서 일하는 사람끼리의 모임처럼 말이다. 왜 꼭 두 군데 이상이어야 할까? 이유가 있다.

고등학교 시절 나는 운동부 소속이었다. 2학년이 되면서 한 친구가 내가 소속된 운동부에 들어왔다. 그런데 그 친구는 중학교 시절 운동부 활동에 이골이 나서 다시는 운동부에 들지 않겠다고 선언한 아이였다. 그 다짐을 깬 이유는 하나였다. 다른 친구들은 모두 동아리 활동을 하는데 자신은 들어갈 곳이 없어서였다. 있을 자리가 없으면 싫어하는 일도 선뜻 그만두기 어렵다는 사실을 보여주는 예다.

만약 '나의 자리'가 하나밖에 없다면 그 관계에만 의존하기 쉽다. 마음에 안 드는 부분이 있어도 떠나거나 거리를 두기 힘들다. 거기서 멀어지면 다른 사람과의 연결고리가 모조리 끊기기 때문이다. 이런 상황은 말하자면 '관계에 인질 잡힌' 모양새다. 한정된 관계 안에서 다른 사람에게 미움을 받으면 완전히 고립되기 쉬우므로 튀는 행동을 한다거나 다른 사람과 다른 견해를 보이기도 어렵다.

어떤 조직에서 벗어나고 싶을 정도로 갈등을 맞닥뜨리거나 누군가로 인한 스트레스에 시달리면서도 상황적 여건 때문에 그곳을 떠나지 못하는 경우가 많다. 여유로운 관계의 장에서도 이런 문제가 없으리란 보장이 없다. '나의 자리'를 두 곳 이상 마련해야 하는 이유다.

우리에겐 도망칠 곳이 필요하다

-

2018년에 나는 '사회부적응자들의 모임'이라는 이상한 이름의 커뮤니티를 만들었다. 인간관계가 한정적이거나 교제에 어려움을 겪는 사람끼리 유대하기 위한 모임으로, 매월 한 번씩 만나고 있다. 운영 방식은 간단하다. 모임 장소가 섭외되면 트위터와 블로그로 사람들을 불러 모은다. 커뮤니티에 가입하면 회원들은 처음 보는 사람끼리 먹고 마시며 소풍 온 듯 앉아서 대화를 나눈다. 그게 전부다. 실내에서 만날 때는 30~40명, 야외에서는 20~30명의 참석자가 모여서 대여섯 시간 동안 이야기를 나눈다.

왜 이런 모임을 만들었을까? '새로운 관계를 만들기 위해서'라는 가장 큰 이유는 우선 둘째로 치겠다. 나이를 먹고 나니 예전에 내가 학교나 집, 회사 혹은 밖에서 힘들었을 때, 또 다른 내 자리가 몇 군데 더 있었다면 얼마나 좋았을까, 하는 생각이 들었다. 학교나 회사를 전부 포기하지 않더라도 심적으로 기대고 도망칠 곳이 있다는 생각에 여유가 생겨 마음가짐이 완전히 달라졌을 것이다.

요즘에는 회사와 학교, 가정이란 공동체를 떠나 독립적인 삶을 지향하는 사람이 많아지는 추세다. 그와 동시에 비자발적인 외톨이가 되어 관계를 갈망하는 사람도 많다. 프리랜서인 나에게도 남 일이 아니다. 이럴 때 '나의 자리'가 여기저기 생기면 직장이나 학교 같은 고정된 집단에 소속되지 않더라도 안정감을 추구할 수 있다.

다시 말해 나는 사람과 이리저리 얽히고설키는 것이 좋아 이 모임을 만든 게 아니다. 오히려 과감하게 견고한 관계의 장을 떠나 혼자서도 잘 살아갈 수 있도록 하는 것이 이 모임의 궁극적인 취지다.

모임을 만들기 전 가장 크게 걱정했던 것은 과연 사람들이 능동적으로 대화를 나눌까 하는 것이었다. 그런데 막상 자리를 마련하자 사람들은 자연스럽게 그룹을 형성했고, 모임 장소의 음악 소리가 들리지 않을 정도로 활발히 대화를 나누었다. 매번 자기소개 시간 외에는 별다른 제한 없이 수다만 떠는 자리인데, 대여섯 명 정도의 무리씩 나뉘어 서로의 취미와 관심사를 공유한다.

새로운 관계를 맺으면 새 세상이 온다

–

동호회 같은 모임에서 흔히 있는 일이자 가장 우려되는 것은 기존 회원들만이 아는 이야기가 끝없이 계속되는 상황이다. 이런 상황은 이제 막 가입한 신입에게는 소외감을 안긴다. 우리 모임은 대부분 혼자 참석하고, 서로 처음 만나는 사람이 많기 때문에 그런 우려가 적다. 술을 전혀 마시지 않는 사람도 절반 정도 된다.

참석자 모집 대상은 대개 이런 내용으로 공지된다.

'아웃사이더 성향, 프리랜서 혹은 주 4일 이하로 일하는 비정규직 근로자, 심리적인 어려움을 겪고 있는 사람, 인간관계가 좁거나 사내 동호회 등 커뮤니티 활동이 없는 사람.'

그렇다고 이걸 아주 엄격한 요건으로 삼지는 않는다. 참석자의 연령은 대부분 삼사십 대 중심이고 남녀 비율은 2 대 1 정도다.

이 모임의 참석자이기도 한 나는 이 모임으로 인해 어떻게 달라졌을까? 한마디로, 새로운 세상이 펼쳐진 것 같았다. 새로운 인간관계는 새로운 세상을 열어준다는 걸 이 자유로운 모임을 통해 깨달았다. 그 세상은 또 하나의 숨통이 되어줬다. 나이가 들면서 새로운 사람을 만날 확률은 아무래도 줄어들기에, 나에게는 더더욱 이 변화가 반가웠다.

싫어하는 사람과는
마음의 거리를 둔다

(티 나지 않게 조금씩 소원해지기)

오래전 지인에게 SNS상에서 일방적인 저격을 당한 적이 있다. 몇 번인가 만나서 대화도 나눈 적 있고 함께 아는 지인도 많은 사람이었다. 그는 자신의 SNS에 내 이름을 거론하며, 나와 내 생활에 대해 노골적으로 비방하는 글을 올렸다. 나는 다이렉트 메시지로 그에게 솔직하고 정중하게 나의 생각을 전했다. 그러나 돌아오는 건 일방적인 무시였다. 그는 내 메시지를 읽지도 않았고 그 사실을 또 한 번 SNS에 올리며 공개적인 망신을 주었다.

　이 사건을 겪고 생각했다.

　'진심을 전하는 것이 무조건 좋은 것인가?'

우리는 진실 되고 좋은 관계를 위해서는 상대에게 진심을 보여야 한다고 배워왔다. 그러나 그게 모든 상황, 모든 사람에게 적용되는 진리는 아닌 것 같다. 누구든 나를 괴롭히기로 작정한 사람처럼 군다면, 최선을 다해 그에게 진심을 보일 것이 아니라 최선을 다해 그에게서 멀어져야 한다.

반응하지 않는 연습

–

인간관계를 '마음의 거리'라는 관점에서 들여다보자. 모든 타인과는 물리적 거리와 마찬가지로 마음의 거리가 있다. 이런 관점에서 당신의 주변 지인, 친구들의 얼굴들을 떠올려보면 그 거리감이 모두 같지는 않을 것이다. 거의 만나지 않는 사람이라도 SNS에서 매일 사진을 공유하고 교류하는 사람이 오히려 심적 거리가 더 가깝게 느껴질 수도 있다. 반면 매일같이 만나지만 왠지 멀게 느껴지는 사람도 있다. 바로 이 마음의 거리를 조절하면 편안한 인간관계를 만들 수가 있다.

마음의 거리는 마음속에 떠올리는 시간이나 횟수와 밀접한 관계가 있다. 가깝다고 무조건 사이가 좋아지는 것도 아니다. 부정적으로 느끼는 대상이라면 가까운 마음의 거리는 고통이 된다. 불편하거나 싫어하는 사람에게 진심을 전한다고 생각해보자. 그 이야기가 서로의 마음에 인상 깊게 새겨져 마음의 거리는 더욱 가까워진다. 애초에 내 머릿속에서 싫어하는 사람이 계속 떠오르는 것만으로도 고통스러운데, 상대방의 머릿속에서도 같은 현상이 발생한다. 그 시간이 길어지면 한층 더 심한 갈등으로 이어지기 쉽다.

상대에게서 벗어나고 싶다면 서로의 머릿속에서 떠오르지 않도록 조금씩 멀어져서 어느 틈엔가 완전히 멀어지는 방법이 가장 좋다. 이런 방법이라면 의지가 강할 필요도 없다. 다른 사람과 부딪히고 싶지 않은 사람도 충분히 할 수 있는 일이다. 중요한 건 자신의 생각을 상대에게 전해서는 안 된다는 것이다. 그렇다고 너무 드러내놓고 상대를 무시하면 그 또한 명확하게 의사를 전달하는 모양새가 되므로 인사나 답장 같은 최소한의 액션은 보여야 한다. 그러나 이 이상의 리액션을 보일 필요는 없다. 상대방의 말에 신나게 맞장구를 쳐준다거나, 먼저 화제를 제공하는 식의 적극적인 대화를 하지 않는다. 되도록 짧게 이야기를 마무리한다. SNS에서 '좋아요'는 될 수 있는 한 누르지 않는다. 댓글도 곧바로 달지 않는다.

우리가 평소 다른 사람의 이야기에 반응하는 이유는 상대와 가까워지기 위해서다. 물론, 대부분 사람에게는 그렇게 반응해도 괜찮다. 하지만 멀어지고 싶은 사람에게까지 굳이 그렇게 반응해줄 필요는 없다.

'좀 치사하지 않나요?'라고 물을 수도 있다. 그렇다면 이렇게 되묻고 싶다. 그 사람을 처음 알게 된 순간부터 항상 성실하고 친절하게 대해주지 않았는가? 그 노력의 결과는 무엇인가? 지금까지 예의와 노력을 다했고 그럼에도 이제 멀어지고 싶어졌다면 무반응도 현명한 방법이다. 단순히 거리를 두는 것 정도의 사소한 자기 방어는 죄책감을 가질 필요도 없는 '나를 지키는' 대책이다.

예외로, 상대방이 당신에게 이런저런 형태의 공격을 멈추지 않는 상황이라면 용기를 내서 직접 말할 수밖에 없다. 하지만 이는 정말 어쩔 수 없을 때 쓰는 최후의 방법으로 남겨두라고 하고 싶다.

속마음을 나눠야 진짜 친구라는 환상

-

우리는 흔히 '진짜 친구'라면 속마음을 주고받아야 한다고 여긴다. 이런 '위험한' 인식은 언제부터 생겼을까?

내가 어릴 때인 60~70년대 무렵에는 무슨 일이든지 마음을 터놓고 이야기하는 것을 중요하게 여겼다. 게다가 한번 크게 싸우지 않으면 진정한 친구가 될 수 없다는 분위기도 있었다. 만화나 애니메이션에서도 크게 맞붙어 싸운 두 소년이 지친 나머지 어떤 계기로 크게 웃으며 화해하고 우정이 깊어지는 에피소드가 자주 나왔다.

'싸워야 진정한 친구가 된다'라는 말은, 평소 속으로만 생각해서 말하지 않았던 상대방의 싫은 부분을 싸울 때 이야기하기 때문에 생긴 말일 것이다. 이렇게 진짜 속마음을 주고받으며 한 치의 비밀도 없어야만 진정한 인간관계가 된다는 답답한 환상이 있었다. 우리는 지금까지 그 환상에 얽매여 있었다.

서로의 불만을 공유하고 원만하게 해결한다면 좋겠지만, 실제로는 한 번 싸우면 그것으로 끝나는 경우가 더 많다. 싸울 때 들었던 말이 계속 마음에 남아 더 이상 상대방을 호의적으로 대할 수 없는 상태가 되는 것이다. '사람과 사람은 서로 마음을 부대낄수록 사이가 좋아진다'라거나 '인간의 본성은 훌륭하다'라는 안일한 인식이 깊어지면 관계에 대한 과도한 환상이 자라난다.

마음의 거리를 두는 기술은 요즘 SNS에서도 익숙하게 활용되고 있다. 신경 쓰기 싫은 사람의 글은 블라인드 처리를 해놓으면 된다. 실제 관계에서도 이 방식을 활용할 줄 알아야 한다.

모두와 조금 다른
사람이어도 좋다

나를 잃지 않을 권리

꽤 예전 일인데, 구성원 대부분이 사고방식도 생활 태도도 매우 성실한 사람들로 이루어진 집단에 오래 소속되어 일한 적이 있다. 자연히 조직 분위기도 무척 경직되어 있었다. 나는 성실함과는 거리가 먼 사람이었지만, 집단 안에서의 이질감을 줄이려고 착실한 사람으로 보이고자 무던히도 애를 썼다.

단체에 어울리는 성향을 연기하며 맞춰가면 점점 편해질 수 있을까? 적어도 내 경우엔 그렇지 않았다. 오히려 불안감만 가중됐다. 혹시 나중에 나의 본모습을 들켰을 때 사람들로부터 이상한 시선을 받지 않을까 하는 불안감이었다. 기간이 길어질수록 괴로움은 누적되어갔다. 물론 내가 조직에서 퇴출당할 위기에 처한다거나 누군가의 압박을 받는다거나 하는 일은 일어나지 않았다. 집단이 부당한 요구를 한 것도 없는데, 그냥 나 혼자 괴로워했다.

반대로 착실한 분위기와는 거리가 먼 단체에 속했던 적도 있다. 재밌는 것은 그곳에서는 내가 아주 성실한 사람으로 통했다는 것이다.

당신이 어떤 집단에 새로 들어갔다고 해보자. 생경한 분위기의 조직 문화 속에서 이런저런 사람들을 만나고 당신을 소개하게 된다. 그러는 동안 당신은 이 조직에서 무슨 얘기를 하면 호감을 얻고 무슨 얘기를 하면 전혀 관심받지 못하는지 점차 깨닫게 된다. 이게 파악되고 나면 그때부터는 호감을 사기 좋은 이야기만 하고 싶어질 것이다.

SNS는 이런 욕망이 극명하게 드러나는 소통 창구다. 물론 그 이야기가 자신이 하고 싶은 이야기와 일치한다면 괜찮다. 그 집단과 잘 맞는다는 뜻이다. 그러나 다른 어떤 이유로 무리하게 집단에 맞추려고 한다면 결국 모두에게 맞추다가 점점 나를 잃게 된다.

동조 압력

–

조직의 마음에 들기 위해 노력하는 사람이라고 해서 나약한 사람이라는 의미는 아니다. 실제로 이 집단의 힘은 어디서든지, 누구에게나 영향을 미친다. 사회심리학 교과서에는 반드시 나올 정도로 기본적인 작용이다.

우선 조직에는 구성원이 반드시 따라야 하는 '규범'이 있다. 법률이나 도덕처럼 규범이 명확히 제시되는 때도 있고, '리더의 말을 따라야 한다'처럼 암묵적일 때도 있다. 그리고 그 규범을 잘 지키면 좀 더 잘하라는 의미의 보상이 제공된다. 반대로 규범에 반기를 들면 '조직에 맞지 않는 사람', '비협조적인 사람'으로 낙인찍히고 미묘한 배척을 당하기도 한다.

이렇게 조직에 맞춰 행동하며 눈 밖에 나지 않도록 하는 행동을 '동조'라고 한다. 집단 속에서 우리는 크게든 작게든 왠지 모를 '압력'을 느끼는데, 이게 바로 '동조 압력'이다. 조직은 기본적으로 구성원 모두를 똑같이 만들어버리는 성질이 있으며, 이러한 압력은 자존심이 낮은 사람일수록 잘 받아들인다.

변화를 일으키는 소수의 역할

–

잊어서는 안 될 사실이 있다.

'모두가 같은 생각을 하는 조직은 위험하다.'

남들과 다른 사람은 집단에 아무런 도움도 안 된다는 말은 어불성설이다. 대단히 훌륭해 보이는 규범이라도 만능은 아니며, 시대에 맞춰 변화해야만 한다. 그러나 집단과 맞지 않는 사람을 배척하고 어울리는 사람만 떠받들어주면 그 규범은 영원히 바꾸지 못한다. 조직의 발전 또한 불가능하다.

변화를 일으키는 것은 소수의 역할이다. 소수는 항상 미움받을 위험에 놓여 있다. 그러나 겉으로 잘 드러나지는 않아도, 자신 있게 목소리를 내는 소수가 다른 사람의 진심을 완전히 바꾸는 데 영향을 미치기도 한다. 이 또한 사회심리학에서 흔히 다루는 내용이다.

모두와 다른 생각, 다른 행동을 하는 사람은 확실한 가치가 있다. 즉, '남과 조금 다른 사람'이어도 괜찮다. 아니, 그것이 가장 좋다. 조금 다른 사람을 받아들이지 않는 집단이라면 내가 먼저 거절하면 된다. 생각해보면 나는 인생 대부분을 남들과 조금 다른 위치에서 살아왔다. 물론 그래서 하루하루 안전하고 무사하게 보내지는 못 했다. 그러나 덕분에 인생이 꽤 재미있어졌다.

다양성이 있는 집단이 살아남는다
–

뜬금없는 이야기지만, 인간이 아기를 가질 때 왜 남자와 여자가 필요할까? 당연히 그때그때 유전자를 교배시켜 다양한 자손을 남길 수 있기 때문이다. 이 자손 번성을 통해 다양한 개체가 생겨난다. 키가 크거나 작은 사람, 추위에 강하거나 건조함을 잘 견디는 사람 등, 변화하는 환경에 맞게 진화된 다양한 특성의 개체들이 모여 사회를 이룬다.

교미하지 않고 암컷 혼자서만 새끼를 가지는 '단성생식'이 가능한 생물도 많이 있다. 단성생식으로는 유전자가 변화할 수 없다. 환경이 완전히 변했을 때, 다양한 생물이 있어야만 누군가 살아남을 확률이 높다. 그러므로 교미하는 생물이 지금 번성하는 것이다.

물론 생물종의 이야기를 단순하게 인간 집단과 비교할 수는 없다. 그러나 다양성이 전체를 존속시킨다는 사실은 소름 끼칠 정도로 상당히 비슷하다. 인간의 다양성을 인정하는 방향으로 이 사회가 선회하지 않는다면 미래는 좀 더 위험해진다.

나를 괴롭히는 인간을
내 인생에 들이지 않는다

'어떻게 하면 불행을 겪지 않고 살 수 있을까?'

이 엄청난 질문에 대해 단 한마디의 조언을 해준다면 어떻게 답하겠는가? 사람에 따라 다양한 조언이 나오겠지만, 나는 이렇게 답하겠다.

'나를 공격하는 상대방과 얽히지 말 것.'

지금까지의 인생에서 몇 개월 혹은 몇 년이라는 오랜 기간에 걸쳐 당신을 험담하거나 괴롭히는 사람이 있었는가? 여기서 다루고자 하는 사람이 바로 그 상대방이다. 살면서

55

그런 사람 몇 명쯤은 만나게 된다. 다섯 명까지는 안 되어도 한 명도 없지는 않을 것이다.

나를 괴롭히는 사람이 가족 중 한 명이라면 몇 년에 걸쳐 공격이 끈질기게 계속된다. 학교나 직장에서도 그런 사람과 우연히 엮일 가능성이 가장 높다. 온라인상에서 나에게 접근해올 수도 있다.

그런 사람은 한 번의 공격으로 만족해서 끝낼 리가 없다. SNS에서 내 정보를 보는 버릇이 들어서 그런지, 내가 자기 머릿속에서 떠나지 않아 짜증을 내는 것인지, 현실에서는 만나지도 않았는데 악의를 갖고 대한다. 이럴 때는 좀 더 주의를 기울여야만 한다.

멈추지 않으면 반격할 수밖에 없다

-

나는 어떤 회사에서 나보다 나이가 조금 많은 다른 사원으로부터 엄청난 직장 내 괴롭힘을 당한 적이 있다. 평소에도 큰 소리로 모욕을 주거나 무리한 일을 강요하는 식이었다. 그 회사는 곧바로 그만두었지만, 그만둔 뒤에도 우연히 같은 자리에서 만나면 나를 괴롭혔다. 더구나 그의 최측근 몇 사람까지 그 괴롭힘을 묵인하는 듯한 말과 함께 인신공격을 퍼부었다. 쉴 새 없이 계속 괴롭힌 것은 아니나, 그 최측근들의 괴롭힘도 포함하면 그와의 인연 때문에 몇 년에 걸쳐 괴롭힘에 시달린 셈이다. 회사에 있던 때도 그만둔 뒤에도 내가 먼저 그에게 반격한 적은 없었다. 완전히 일방적인 괴롭힘이었다.

이렇듯 우리를 대상으로 노골적인 공격이 시작되었다면 어떻게 하면 좋을까?

우선은 상황을 살피면서 다른 사람에게 상담해본다. 상대방을 아는 사람으로 적당한 사람이 있다면 가장 이상적이다. 일반적으로 상담할 수 있는 곳이라면 지자체에서 운영하는 변호사 무료 상담도 좋은 방법이다. 괴롭힘과 가정폭력에 대해서는 전문 상담 창구도 있다.

상담은 만약 그다음 단계로 이어지지 않더라도 효과가 있다. 상담하면서 "괴롭힘 관련 상담은 많습니다"라는 말만 들어도 이상하게 마음이 놓인다.

다음은 우리가 이 상황을 명확하게 인지하고 있다는 것을 상대에게 적극적으로 보여줄 단계다. 내가 이 일에 신경을 기울이고 있다는 사실을 상대에게 알리는 것만으로 어떤 괴롭힘은 멈추기도 한다. 경우에 따라 타인이 알아채지 못할 거라 생각하고 교묘하게 상대를 스트레스 배출구로 삼기도 하기 때문이다.

그래도 공격이 계속되면 다음은 반격할 수밖에 없다. 반격은 공격과는 완전히 다르며, 나를 지키기 위한 정당한 권리다. 한쪽만 계속 괴로움을 감당하는 것은 부당하다. 직장으로 치면 직장 내 인사팀의 힘을 빌릴 수도 있다.

남을 공격하는 사람을 알아보는 법

-

가장 중요한 것은 나를 괴롭히는 인간을 내 인생에 들이지 않는 것이다. 즉, 관계를 맺지 않도록 미리 대비해야 한다. 다양한 인간관계를 살펴본바, 오랫동안 남을 공격하는 사람은 주의 깊게 보면 알아차릴 수 있는 몇 가지 단서를 갖고 있다.

- 이미 누군가를 험담하거나 공격하고 있다.
- 항상 남에게 관심이 많고 다른 사람이 하는 일을 쉬지 않고 주시한다.
- 남 탓을 자주 한다.
- 내면에 짜증과 화가 쌓여 있고, 기회가 있으면 봇물 터지

듯 쏟아낸다.

– 주변을 공격하는 행위를 하는 데 거리낌이 없다.

이러한 특징 중 몇 가지가 해당하는지 잘 살펴봐야 한다. 그리고 위험한 사람일 것 같으면 인스타 맞팔로우 같은, 관계가 친밀해질 수 있는 무언가에 절대 응하지 않는다. 상대가 가까이 다가온다고 해도 최소한의 대응만 하며 두루뭉술하게 피해야 한다. 지금 당장 나를 공격하지 않아도, 그가 겨눈 칼날의 대상이 언젠가 내가 될 수 있기 때문이다.

나 역시 그런 일을 많이 경험했다. 애초에 타인을 쉽게 공격하는 사람 가까이에 있으면 그 화살이 자신에게 올까 봐 은연중에 신경을 쓰게 된다. 그 정도의 위기감과 긴장감을 떠안으면서까지 그 사람과 가까이 있을 가치가 있을까?

대부분의 공격은 범죄 수준까지는 아니라서 그만두게 하기도 어렵다. 그래서 이런 사람은 앞으로도 영역을 좁혀가면서 계속 마주칠 수 있다. 이 사회에서는 아직도 마음만 먹으면 누구라도 다른 사람을 공격해서 어느 정도 피해를 줄 수 있다. 모두가 위험한 정글 속을 어슬렁거리는 듯하다. 따라서 위험을 감지했다면 적극적으로 벗어나 다른 세상에서 살아야 한다.

친구는
꼭 많을 필요가 없다

SNS에서 단체 모임 사진을 보면 어떤 마음이 드는가? 일부 부러운 마음이 드는 사람도 있을 것이다. 단순히 두세 명 모여서 노는 친목 사진이라면 그냥 '친한가 보다' 하고 마는데 단체 사진을 보면 부럽게 느끼는 사람이 많다고 한다. 평범한 인간관계만으로는 부족한 것 같고, 왠지 자신은 상대적으로 인간관계가 좁은 사람이라는 비교의식을 갖게 되기도 한다. 애초에 관계를 맺는 스타일이 다를 뿐인데 말이다. 왜 이런 비교의식을 갖게 되는 걸까?

무리는 강하다. 우리는 이것을 학교에서 확실히 체험했다. 하굣길에 골목을 혼자 걷는데 맞은편에서 예닐곱 명의 고등학생 무리가 다가온다고 치자. 시끄럽게 떠들어대는 와중에 무리 중 한 명이 내게 조롱의 말을 흘린다. 그럴 때 맞받아치거나 대항할 용기를 내기는 어렵다. 반면 양옆으로 친구들이 같이 있다면 마음이 크게 주눅 들지 않는다. 해외여행 중 치안이 취약한 거리를 돌아다닐 때에도 혼자서 다니는 것과 여러 명이 함께 다니는 것은 불안의 강도가 확연히 전혀 다르다.

야생의 세계로부터 남아 있는 본능

–

인간에게는 날카로운 송곳니도 없고, 멧돼지처럼 빨리 달리지도 못한다. 인간은 원래 자연계에서 다른 동물들처럼 강한 존재가 아니다. 그렇기에 살아남기 위해서는 집단으로 존재해야만 했다. 이런 유전자가 오늘날까지도 남아 지금도 집단에 속해야 안전하다는 욕구가 있다. 진화심리학에서는 인간을 이렇게 설명한다.

확실히 어떤 면에서는 지금 세상에서도 머릿수가 많을수록 강하다고 할 수 있다. SNS에서 누군가와 언쟁이 벌어졌을 때는 내 편을 들어주는 사람이 한 명이라도 많을수록 힘은 점차 강해진다. 게다가 SNS에서는 팔로우 숫자나 친구 숫자가 확실하게 드러난다. 그래서 사람들은 점점 팔로워가 많으면 많을수록 좋다고 생각하게 된다.

그러나 우리가 살아가는 지금의 세상은 야생의 세계가 아니다. 친구 수가 많다고 무조건 강한 것도 아니다. 시끌벅적한 무리를 보면 알 수 없는 패배감이 드는 건, 단지 우리 뇌의 오랜 본성이 그렇게 외치기 때문이다.

아이들은 '인간관계 훈련'을 당하고 있다

–

친한 친구는 몇 명 정도 있는 게 일반적일까? 어느 국제 여론조사 기관에서 이에 관한 설문조사를 진행했다. 일본의 경우 학교에 재학 중인 사람의 대답은 평균 9.6명이었다. 선진국 7개국 중에서, 게다가 정규직 근로자나 아르바이트 등 다양한 소속의 사람들과 비교해도 압도적으로 높은 숫자였다.

재학 중인 아이들은 친구를 학교생활의 아주 중요한 가치로 삼는다. 왜일까?

졸업 후의 인생에 비하면, 학창시절에는 좋든 싫든 상당히 많은 사람이 마음속에 새겨진다. 우선 중학교, 고등학교에서는 수업 이외에도 동아리 활동이 있다. 운동회나 축제, 합창 대회, 소풍, 수학여행 같은 연중행사가 끊이지 않고 있으며, 교실에서는 청소 당번, 급식 당번, 조별 활동, 클럽 활동 등 날마다 단체 활동을 해야 한다. 그러니 친한 친구가 늘어가는 것도 당연하다.

언젠가 독일인 여성과 이야기할 기회가 있어서 독일에도 동아리 활동이 많은지 물어보았다. 그녀의 말에 따르면 동아리 활동은 없고 수업이 끝나면 모두 집으로 돌아간다고 한다. 나는 그 이야기만으로도 완전히 감탄했다. 하루하루 느낌이 우리와 얼마나 다르겠는가.

특별활동의 목표를 인터넷에서 찾아보니, '바람직한 인간관계를 형성하는 취지'라는 말이 몇 번이나 나와서 그야말로 진절머리가 났다. 우리는 학교에서 '인간관계 훈련'을 당한 셈이다.

진짜 우정은 과시하지 않는다

–

지금 일본에서는 '통신제 학교'에 주목한다. 학교 수는 급증하고 학생 수도 늘고 있다. 통신제 학교는 일주일에 하루 정도의 등교일 이외에는 집에서 공부한다. 또 가정에서 스스로 공부하는 방식인 홈스쿨링을 하는 아이들도 늘어나고 있다고 한다. 일어날 일이 일어난 거라고 생각한다. 시끌벅적한 단체의 세상에서 도망치는 아이들이 많아지고 있다.

마찬가지로 시끌벅적한 단체 사진을 보고 부러워하는 마음 역시 영원히 사라지지 않을 것이다. 나는 이 나이가 되고도, 게다가 직접 꽤 큰 모임을 운영하면서도 역시 부러운 마음이 드는 것을 보면 단체 생활의 중요성이 얼마나 뿌리 깊이 세뇌된 건가 싶어 기가 막힐 노릇이다.

다만 그렇다고 해서 억지로 친구 수를 늘리려고 하거나, 나 역시 모임에서 단체 사진을 찍어 SNS에 올리는 행동 따위는 하지 않는다. 왜냐하면 아름답지 않기 때문이다. 내가 생각하는 관계의 미학은 떠벌리고 과시하는 것이 아니라, 존중하고 소통하는 데 있다.

진짜 우정은 과시하지 않는다.

어딘가에
소속되지 않아도 괜찮다

(프리랜서 30년 차의 자유)

매일 같은 곳을 왕복하는 삶을 관둔 지 어느새 30년도 더 지났다. 30년간 쭉 집에서 일하는 프리랜서 작가로 살아왔다. 회사를 그만두고 프리랜서가 막 되었을 무렵에는 그 생활에 익숙하지도 않을뿐더러 부당한 취급을 받거나 계약금이 적어서 암담했다. 그런데 의외였던 것은, '회사에 돌아가고 싶다'라거나 '그만두지 말걸'이라는 생각이 단 한 번도 들지 않았다는 것이다. 오히려 '이렇게 평생 어딘가에 소속되지 않고도 살 수 있구나'라는 깊은 감격에 젖었다. 어찌 보면 이런 인생도 평범한 것일 텐데 왜 그렇게 직장 생활에 목을 매었는지 알 수 없었다.

날마다 주변에 사람이 없는 자유로운 환경에서 살아가는 인생은 나에게 완벽하게 잘 맞았다. 물론 프리랜서가 누구에게나 추천하고 싶은 방식은 아니다. 단지 나처럼 '인생 최대의 불행은 대부분 인간관계 속에서 생겼다'라고 생각하는 사람에게는 딱 어울린다. 게다가 재택근무가 당연해지는 요즘, 어딘가에 소속되지 않는 삶은 더 이상 특별한 사람만의 전유물이 아니다.

취미 생활로 이어진 관계에 기대다

–

그렇다고 인간관계가 완전히 끊기는 상황이 불안하지 않은 것은 아니었다. 재수를 하기로 하고 고등학교를 졸업할 무렵, 학원 같은 곳이 아니라 집에서 공부하는 방법도 고려했었다. 하지만 사람을 만나기 싫었는데도 불구하고, 막상 아무도 만나지 않는 상황에 처하는 건 왠지 두려웠던 기억이 있다.

'누구와도 만나지 않게 된다면 어떻게 될까? 세상이란 우주선을 떠나 우주 공간에 던져진 듯한 기분이 아닐까?'

나처럼 매일 사람들 속에서 벗어나고 싶은 마음이 굴뚝

66

같으면서도 혼자가 된다는 불안이 족쇄가 되어버린 사람들이 많을 것이다.

태어나서 처음으로 '소속'이란 것에서 벗어났을 때, 나는 과거에 내가 했던 생각대로 마치 우주 공간에 내던져진 듯한 기분에 빠졌다. 당시는 아무런 소속이 없는 사람이 드문 시대였다. 내가 먼저 움직이지 않으면 아무것도 시작되지 않는다. 그렇게 조마조마하고 불안한 상태는 처음이었다.

물론 업무로 만난 사람들과도 연을 이어보려고 했지만, 내 인맥이 그다지 넓지 않았다. 대학 친구들도 대부분 회사에 다니고 있어서 점차 소원해졌다. 그래서 내가 기댄 쪽은 음악이나 만화처럼 취미 생활을 통한 인간관계였다. 작가나 편집자 같은 업계 사람들과의 관계도 간간이 활력이 되어주었다. 이윽고 혼자 살게 되면서 그 친구들을 집으로 자주 초대했다. 지극히 소소한 방법이지만 그걸로 충분했다.

매일 한 시간은 외출한다

–

그렇다면 소속이 없는 생활의 가장 큰 단점은 무엇일까? 우선 떠오르는 것은 정신적으로 좋지 않은 상태에 빠졌을 때,

그 상황을 끊어줄 계기가 거의 없다는 점이다. 나쁜 상태에 빠졌을 때 좀처럼 헤어 나오기가 힘들다.

나는 프리랜서가 되고 곧바로 생활 습관을 바꿔 나쁜 상태에 빠지지 않으려고 했다. 초반에는 상당히 엉망진창이었지만, 스스로를 규제하지 않으면 장기적으로 봤을 때 오래 갈 수 없었다.

나의 하루 스케줄은 대체로 심플하다.

- 8시: 기상 후 아침 식사. 식사 준비와 뒷정리도 하므로 시간이 꽤 걸린다. 오전 중에는 해야 할 작업에 집중한다.
- 12시: 점심 식사.
- 14시: 도서관에 가서 신문이나 잡지를 읽는다. 오가는 길에 조깅이나 산책. 하루 한 시간 이상씩은 반드시 외출한다.
- 18시 30분: 하루치의 작업을 끝낸다. 목욕 후 저녁 식사. 할 일이 남아도 하지 않는다.
- 24시 30분: 취침.

아무리 바쁜 시기라도 되도록 복잡한 주말 이외의 날을

골라서, 반드시 주 2일은 쉰다. 그리고 어딘가 구경하러 가거나 모임에 가는 등 대부분의 시간을 집 밖에서 보낸다. 기본적으로는 내가 운영하는 모임 등의 사회적 활동을 통해 사람들과 교류한다. 그 외 2주에 한 번씩 하는 텃밭 작업도 기분 전환에 상당한 도움이 된다.

성실한 인간의 증거인 '소속'

–

회사에서 가까이 앉은 사람은 친구가 아니다. 어쩌다 우연히 근처에 있는 사람일 뿐이다. 회사나 학교와는 다르게, 내 마음이 가는 대로 인간관계를 찾을 수 있는 세상이 되어야 한다. 쉽게 그런 세상이 될 수 있다면 프리랜서도 재택근무도 좀 더 널리 퍼질 것이다.

종신 고용을 당연시하지 않고 프리랜서가 많은 미국은 그런 분위기가 뿌리 깊이 존재한다. 미국에는 '코워킹 스페이스(co-working space, 독립적으로 일하는 사람을 위한 유료 공동 작업 공간)'라는 좋은 연결 고리가 있다.

매일 아침 일찍 일어나서 같은 곳을 왕복하는 인생. 그 인생은 지금까지 성실한 인간의 척도로 여겨졌다. 매일 같은 일을 반복한다는 면에서 수행과 비슷한 부분이 있기 때문이다. 그에 비하면 매일 한가로이 여기저기 어슬렁거린다거나, 아무 데도 다니지 않는다는 말은 어감부터가 좋지 않다.

요즘 아무리 재택근무로 일하는 사람이라도 나이 지긋한 남자가 인기척 없는 평일 낮 주택가에서 매일 어슬렁거린다면 여전히 주변에서 좋게 보지 않을 것이다. 소속 없는 인생을 선택하기란 그 정도로 어려운 일이다. 그러나 소속이 있는 인간들의 세계에 지친 사람에게는 아무래도 '다른 삶을 선택할' 기회가 절실하다.

온라인 세상에
의지하지 않는다

(랜선 친밀감에는 한계가 있다)

나는 보통의 대화에서는 그렇지 않은데 줌Zoom 같은 온라인 미팅에서는 듣기 전문이 되어버린다. 이상하게 대화에 끼어들기가 어렵고 이야기하는 재미가 덜해서 문득문득 어색함을 느낀다. 나처럼 랜선 소통에 좀처럼 익숙해지지 않는다는 사람이 많다. 아마 이건 상대하는 사람보다도 온라인이라는 공간의 성질 자체가 이질적이어서인지도 모른다. 게다가 가상공간 같은 온라인상의 관계 자체가 현실의 인간관계를 대신할 수 있을지 의문이다.

내가 만든 사회부적응자들의 모임도 코로나바이러스 확산 시기에는 랜선으로 모일 수밖에 없었다. 주 1회 정도로,

셀 수 없이 많은 줌 미팅을 열었다. 참석자는 매회 열 명에서 스무 명. 친목 모임이므로 항상 가벼운 이야기만 나누었는데, 웬일인지 온라인 미팅으로 바뀌면서 이전처럼 대화가 매끄럽게 진행되지 않았다. 시행착오 끝에 결국 형식적인 토론을 하기로 했다. '학교'나 '따돌림'을 주제로 이야기하거나, 추천하는 책을 소개하거나, 죽음에 관해 캐주얼하게 이야기 나누는 식이었다. 역시 온라인에서는 잡담보다 토론이 편했다.

온라인 미팅의 특징은 누군가가 이야기하는 도중에 가볍게 쓱 끼어들거나 빠져나가기가 어렵다는 점이다. 그리고 어느 정도 정리를 해서 이야기해야 한다는 압박감이 있다. 그렇게 되면 자유롭게 이야기하는 잡담의 묘미가 사라진다.

친해지려면 나를 드러내야 한다

–

온라인상에서 토론이 더 편한 이유는 이것만이 아니다. 온라인 독서 모임이나 철학 카페에 몇 번 참석해보고 든 생각이 있다. 몇 명밖에 없는 소수 모임이라고 해도, 다른 참석자가 좀처럼 기억에 남지 않는 것이다. 실제 모임이라면 두 시간 정도 같은 장소에서 대화한 상대를 기억 못 할 일은 없었을 것이다.

온라인에서는 친밀감이 생기기 어렵다. 그것은 어쩔 수 없는 성질인 듯하다. 특히 연애 감정은 더 싹틔우기 어려운 듯하다.

어떤 의식 조사에서 '온라인 환경은 업무와 그 수단으로는 적합하지만, 사적인 모임은 역시 직접 대면하는 편이 좋다'는 결과가 나왔다. 나 역시 이 부분에 동의하는 바다.

어떤 이들은 '누군가가 옆에 있어주기만 해도 좋다'라고 이야기하곤 한다. 누군가가 옆에 있어주길 바라는 이유는 인간의 친화 욕구 때문이다. 특히 불안이나 공포가 심할 때 이 친화 욕구가 커진다고 한다.

내가 모임에서 "아무 이야기를 하지 않아도 괜찮다"라고 자주 말하는 이유는, 실제로 여러 사람이 모이기만 해도 이 친화 욕구가 저절로 작용하기 때문이다. 그러나 온라인에서는 같이 있기만 해도 솟아나는 친밀감이 좀처럼 생기지 않는다. 게다가 누군가에게 친밀감을 느끼려면 그 사람이 자신의 정보를 밝히는 것이 중요하다. 누구에게도 말하지 않은 비밀을 털어놓은 상대와는 한층 가까워지는 법이다. 대신에 자신의 비밀도 말해주고 싶어진다.

반면 술자리는 그야말로 자신을 드러내기 쉬운 모임이다. 평소에는 억눌려 있던 진짜 자기 모습도, 본심도 꺼내기 쉬워진다. 애초에 바로 옆에 앉는 것 자체가 정보를 제공하는 하나의 방법이다. 옆 사람의 냄새나 가까운 옆모습까지 알아차릴 수 있기 때문이다.

그와 정반대인 온라인상에서는 아무래도 언행이 점잖아진다. 랜선으로 함께 술을 마셔도 어느 정도 편안한 상대가 아니면 좀처럼 취하지 않는 때가 많았다. 역시 '말'에만 의지한 커뮤니케이션이기 때문일 것이다.

온라인상에서 사람들과 친해지는 것이 어렵다 해도, 이는 단순히 온라인이라는 미디어의 특성 탓이라고 생각하면 마음이 편해질 것이다.

랜선 관계에는 한계가 있다

-

그러면 온라인 미팅뿐 아니라 SNS를 포함한 온라인 인간관계는 대체로 어느 정도의 역할을 기대할 수 있을까? 나는 그 부분에도 한계가 있다고 생각한다.

아무리 SNS상에서 서로 자주 보고 소통하는 사람이라도, 역시 현실에서 만나 친해지는 속도만큼은 따라잡을 수 없다. 실제 만남에서 서로가 제공하는 정보가 훨씬 많기 때문이다.

내가 현실 모임을 중시하는 이유가 이 때문이다. SNS 친구가 있다고 해서 무조건 별로라는 말을 하는 것이 아니다. 앞으로는 가상공간에서의 커뮤니케이션을 포함해서 점차 현실이 아닌 관계가 주목받을 것이라고 한다. 물론 미래에 또 어떤 놀라운 기술이 나올지는 아직 모른다. 그러나 적어도 아직은 현실에서 대면하는 만남의 장점이 훨씬 강력하다는 사실을 간과하지 않길 바란다.

나답게 행동할 수 있는
집단을 선택한다

우리 모임에 참석한 어떤 여성의 이야기이다. 그녀는 회사에서 매일 점심시간을 함께하는 동료들이 있었다. 그러나 동료 무리에서 대화를 잘 끼지 못해서 늘 혼자서 묵묵히 있어야 했고, 그런 시간이 계속 반복되자 차라리 혼자서 밥을 먹고 싶을 때가 많아졌다. 그녀에게는 다른 인간관계가 필요했다. 사람들 틈에서 소외감이나 이질감을 느끼지 않고 안심할 수 있는 관계.

흔한 이야기지만 이 이야기를 듣고 다시금 인간관계란 정말로 복잡한 것이라고 절실히 느꼈다. 회사에 다니며 같이 식사하는 동료가 있음에도 혼자 있는 것보다 더 큰 외로움을 느낄 때, 우리는 이 상황을 어떻게 뚫어가야 할까?

　단지 사이좋게 잘 지내는 사람이 있는 것만으로는 충분하지 않다. 겉으로만 친하게 지낼 뿐이고 본성을 들키면 모든 게 끝나버릴 관계도 적지 않다. 그린 인간관계 속에서 조마조마한 상태라면 더더욱 혼자가 편하다는 생각이 든다.

　나도 비슷한 경험이 있었다. 학생 때부터 엄격하고 고지식한 집단에서는 오래 버티지를 못했다. 대기업 내의 학연 라인에 들어갔던 때도 마찬가지였다. 평소 고지식한 세상을 신랄하게 비판하는 음악만 들었던 나는 그 집단 속에서 매일 속으로 비명을 지르고 있었다. 그 집단 속의 사람들을 미워했다는 말은 아니다. 그곳에서 꽤나 가깝게 사귄 친구도 있었고, 당시엔 좀 더 다양한 사람들과 교류하고 싶은 욕망도 있었다. 하지만 결과적으로 그곳은 내 자리가 될 수 없었다. 임계점을 넘어가면 괴로움이 폭발하기 때문이다.

더 이상 있을 수 없다면 내 자리가 아니다

-

'여기에 더 이상 있을 수 없다'라는 말은 곧 '이곳에 있는 것을 견딜 수가 없다'라는 의미다. 어떤 집단이 '내가 있을 자리'가 되려면 조건이 있다. 단순히 사람과의 관계가 있다고 해서 좋은 것이 아니다. 있는 그대로의 나 자신을 받아들이지 않는 곳이라면 '내 자리'라고 부를 수 없다.

사회부적응자들의 모임에서 나는 나의 사회불안장애에 대한 이야기를 할 때가 많다. 다른 곳에서는 거의 꺼낸 적 없는 주제다.

"나도 다른 사람이 쳐다보는 것 같아서 전철을 안 타요."

서너 명도 더 되는 사람들과 함께 비슷한 고민을 나눌 수 있어서 나에게도 놀라운 경험이었다. 물론, 단지 이야기를 하는 것만으로 증상이 개선될 리는 없다. 그렇지만 내가 다른 사람에게 있는 그대로 받아들여지는 경험은 그 자체로 의미가 있다. 나를 솔직하게 드러내 보이고 그것을 수용받는 느낌만으로 사람이 얼마나 편안해질 수 있는지를 절실히 느꼈기 때문이다.

모임에서 이런 대화를 나누지 않았다면, 이 책에서 나의 사회불안에 관해 털어놓지도 못했을 것이다.

SNS로 자신을 속이는 위험

–

내가 속할 집단을 고르는 가장 중요한 기준은 '있는 그대로의 나를 받아들이는가'이다. 당연한 말처럼 들리지만, 모든 사람이 이 기준을 주요하게 삼지 않는다. 가령, 학교 교실이나 지역사회에서 집단을 고를 때는 어떨까? 학급에서 인기가 많다는 이유로 자기와 맞지 않는 친구 집단에 들어가려는 경우도 있다.

SNS상에서도 잘못된 세상으로 빠져버리는 사람들이 있다. 가면을 쓰고 다른 사람인 척 연기하면 그 가면을 좋아하는 사람들이 모여든다. '좋아요'와 '팔로워'만 염두에 둔 SNS 활동은 위험하다. 만약 그 가면만을 좋아하는 팔로워로 주변 인간관계가 굳어버린다면, 원하든 원치 않든 평생 '가면 쓴 나'를 연기해야 할지도 모른다. 이게 바로 요즘 흔하게 보이는 '자기를 잃어가는 과정'이다. 스스로 그 가면처럼 바뀌고 싶다면 아무런 문제가 없다. 하지만 다른 사람이 정한 내 모습에 집착할 필요는 없다.

만약 원치 않는 이유로 당신이 아닌 당신을 억지로 연기하고 있다면, 나는 뜯어말리고 싶다. 나답게 있을 수 없는 집단에서 살아간다는 건 상상 이상으로 괴로운 일이다.

2장

가족이란 이름의 지옥에서 해방될 것

TV 광고나 관공서 포스터엔 밝게 웃는 얼굴의 가족사진이 자주 등장한다. SNS에도 화목하기 그지없는 가족의 모습들이 넘쳐난다. 그리고 우리 사회 곳곳엔 그런 사진을 보는 것 자체가 아픔인 이들도 있다. 그런 이들에게 해주고 싶은 말이 있다.

많은 사람은 자신의 좋은 부분만 드러내 보이고 싶어 한다. 그러므로 타인에게 보여주는 모습을 전체라고 생각하고 일일이 비교하고 낙담할 필요가 없다.

SNS에 누군가 행복해 보이는 사진이 올라온다면 이렇게 생각하자.

'아, 이게 이 사람이 가진 행복의 단면이구나.'

어떤 인생이든 좋은 부분만 잘라내서 보여줄 수 있다. 한없이 고되고 불운한 삶일지라도 말이다. 유년 시절 불행하기 짝이 없는 집에서 자란 나도 작정하면 좋은 부분만 편집해서 보여줄 수 있었을 것이다.

나에게는 두 살 터울의 형이 있는데 어린 시절 매일같이 형에게 맞고 살았다. 아버지도 자주 자식들을 때렸다.

60~70년대 가정에서는 흔한 일이었다. 고등학생 무렵 형은 가족 모두에게 폭력을 휘둘렀다. 아침에는 걸핏하면 학교를 가느니 마느니 하는 문제로 언쟁이 일어났고 급기야는 고함과 물건을 부수는 소리가 터져 나왔다. 형이 가족 모두를 한 방에 감금한 적도 있었다.

집 안에서 가장 어리고 힘도 약했던 나는 집에 계속 숨어 있을 수밖에 없었다. 내 방으로 도망쳐 들어와서 문을 잠그면 형은 거칠게 문을 걷어차며 부수려고 했다. 이런 폭력과 괴롭힘은 초등학생 시절 내내 지속되었다.

오늘날에 이르기까지 마음속에서 형을 용서한 적은 없다. 가족의 어두운 이면은 대개 음지로 감춰지지만, 생각보다 많은 곳에 존재한다.

원망도 후회도
과하면 괴롭다

사이가 나쁜 부부를 보면 흔히 이런 말을 한다.
"아이라도 있으면 좀 나을 텐데."
이런 말을 들으면 어린 시절 우리 집이 떠오르면서 아주 복잡한 기분이 든다.

그러나 보편적으로, 자식이라는 존재를 '행복의 조건'으로 꼽는 시선이 많다. 자의든 타의든 '이제 평생 아이를 가질 수 없겠구나' 하고 포기하는 시점이 오면 알 수 없는 불안이 샘솟기도 한다. 나도 이런 불안을 느낀 적이 있었다. 하지만 '아이가 있다면 행복할 텐데'라는 생각에는 결단코 동의할 수 없다. 가족관계가 얼마나 더 나빠질 수 있는지를 몸소 체험했기 때문이다. 그런 점에서 자녀의 유무를 놓고 행복을 논한다는 건 행복을 너무 쉽게 보는 관점이라 생각한다.

이제는 결혼했더라도 딩크족으로 살아가는 사람이 30퍼센트를 넘어섰고 점점 더 급증하는 추세다. 나만큼은 아니어도 '가족'이라는 것에 대해 크게 매력을 느끼지 못한다는 반증이기도 할 것이다. 이 30퍼센트의 사람들은 행복해질 수 없을까? 절대 아니라고 생각한다.

가족의 형태를 원하지 않는다면 부러워할 것도, 고집할 것도 없이 포기하면 된다. 수시로 마음을 괴롭히는 가족과 지내면서 줄곧 원망하고 후회하는 것보다 차라리 그 편이 낫다. 가족 없는 자유로운 삶도 그 자체로 편해서 좋고, 원한다면 전혀 다른 형태의 가정을 구성할 수도 있다. 2장에서는 이미 지옥이 되어버린 원가족에서 벗어나는 길과, '가족'이란 이름의 지옥을 만들지 않는 길에 대해 이야기해 보려고 한다.

가족은
붙어 있지 않아도 된다

거리가 가까우면 싫은 마음이 폭발한다

가족이든 아니든, 인간은 가까워질수록 애정이 커질 수도 있지만 싫어하는 감정도 그만큼 커지기 쉽다. 코로나바이러스 감염 확대로 집에 머무르도록 권장하던 시기, 전 세계 사람들이 유례없을 정도로 가족과 함께 집에 있는 시간이 늘어났다. 가정폭력 상담이 급증한 것도 바로 이때다. 평소 사이가 좋기만 한 친구끼리도 긴 시간 여행을 함께 가면 최소 한 번 정도는 싸우게 마련이다.

멀리 있어서 거의 만나지 않는 사람이라면 증오 같은 감정이 생길 일이 없지만, 거의 만나지 않는 아파트 옆집 사람도 매일 밤 소음에 시달리면 살의가 생길 수도 있다. 혹은 미디어에서 자주 보이는 유명한 사람이 참을 수 없이 싫어지는 경우도 있다. 마음의 거리는 물리적인 관계를 떠나, 머릿속에서 떠올리는 횟수에 비례한다는 얘기다. 이 거리가 가까울수록 '싫다'라는 부정적인 감정은 점점 더 커질 것이다. 반대로 멀어질수록 좋아하는 마음도, 싫어하는 마음도 무감해진다. 우리가 인간관계를 다룰 때 가장 중요하게 생각해야 할 부분이다.

가족과 함께 있기만 해도 기분이 가라앉는 사람이 있다면, 절대 자신을 탓할 필요가 없다고 말해주고 싶다. 무슨 수를 써도 상대방이 싫어진다면, 그 상대가 가족이라고 해도 이상하지 않다. 가족은 마음의 거리가 지나치게 가까운 존재다. 겉보기에 잘 지내는 듯 보여도 구성원 중 누군가는 폭탄을 안고 있게 마련이다. 가족이란 어쩌다 보니 지극히 가까운 거리에 같이 있게 된 특수한 관계일 뿐이다.

대화가 사라진 집

–

내가 고등학생이 될 무렵부터 우리 집은 가족끼리 식탁에 둘러앉는 일이 없어졌다. 형과 나는 쟁반에 밥을 차려서 각자 방에 가져가서 먹었다. 크리스마스 케이크도 부엌에 통째로 놓인 것을 각자 잘라 방에 가서 먹었다. 고등학생 때 교실에서 이런 상황을 농담 삼아 이야기했던 적이 있다.

가족 모두가 함께 대화를 나눌 수 있는 시간은 식사 시간뿐이니, 모두와 대화가 단절된 셈이었다. 물론 형과는 그 전부터 아무런 얘기도 하지 않았다. 부모님과는 그렇게까지 사이가 나쁘지 않았지만, 가정 분위기가 안 좋다 보니 자연히 대화도 사라졌다. 그러자, 그 전까지 늘 집 안을 시끄럽게 했던 싸움이나 폭력도 확연히 줄어들었다.

가정 내에서 계속되는 싸움만큼 소모적인 것은 없다. 갈등을 참은 채로 계속해서 상대방과 얼굴을 마주해야만 하기 때문이다. 우리 집 같은 상황에서 서로 가까이 밀착된 생활을 지속했다면, 싸움 횟수가 점점 더 늘어나고 결국 돌이킬 수 없는 일이 일어났을지도 모른다. 마치 폭탄을 끌어안은 채로 도화선에 불을 붙이고 있는 격이다.

물론 따로 생활하게 된 만큼 즐거운 교류는 없어졌다. 가족과의 행복한 추억 같은 것은 이미 사라진 지 오래였다. 적어도 중학생 이후부터는 그 어떤 추억도 없다. 쓸쓸한 가족이었다. 하지만 거리를 둔 것을 후회하지는 않는다. 가족이 모두 함께했던 시절, 매일같이 벌어지는 싸움에 완전히 지쳐버렸기 때문이다. 멀어진 것으로 충분했다.

억지로 식탁에 둘러앉을 필요 없다

–

그 시기 우리 집은 말하자면 느슨한 형태의 별거 상태였던 것 같다. 요즘은 이런 형태의 가정이 많은 것으로 보인다. 가족이 있어도 '혼밥'을 하는 사람들도 늘어가는 추세다. 내가 주관하는 모임 회원들 중에도 몇 명이 있었다. 생활하는 시간대도 완전히 달라서 마치 기숙사처럼 지내고 있다고 했다. 자녀의 생활 방식을 도저히 받아들일 수 없는 부모라면 가까이에서 자주 마주쳐봤자 불만밖에 나오지 않을 것이다. 거리를 두는 것도 생활의 지혜다.

아이가 없어도
괜찮다

(자식이 최고의 행복이라는 최악의 협박)

나에게는 20년째 동거 중인 파트너가 있다. 함께 산 지 10년 정도 되었을 때 피치 못할 특수한 사정으로 혼인신고를 했다. 하고 싶어서 한 것은 아니라서 '결혼을 했다'라고는 말하고 싶지 않다. 이 이야기는 3장에서 좀 더 자세히 다루겠다.

남녀 2인 가족으로 살면 '자식이 없다'라는 사실을 주변은 물론이고 자신도 더욱 의식할 수밖에 없다. 그래도 나는 아이를 원하지는 않는다. 생긴다면 그것도 괜찮지만, 없는 편이 낫다고 항상 생각해왔다. '아이라도 있으면 행복해졌을 텐데'라고 생각해본 적도 없다. 나에게 자식에 대한 환상이 없는 건 불화가 심한 가정환경에서 자랐기 때문일지도 모른다. 분별 있는 어른들끼리도 부딪혀 반목하는 일이 다

90

반사인데, 부모 자식 간에 갈등이 생기지 않을 리가 없다. 원가족 사이에서 시달렸던 불행을 다시 한 번 반복하고 싶지 않았다.

아버지로서 해야만 하는 많은 일 대신에, 나는 내 인생에서 진심으로 원하는 일을 하고 싶다.

아이가 없음으로 인한 소외감

–

'아이는 누가 봐도 귀여운 존재'라는 '기이한' 상식도 아이가 없다는 결핍감을 자극하게 마련이다. 나는 아이가 그다지 귀엽지 않다. 하지만 아이를 싫어하는 사람으로 미움받고 싶지 않아서 '아이는 좋지만'이라고 쓴 적도 있었는데, 사실 그 정도도 아니다. 고양이라면 귀여워할 텐데, 라고 생각한 적은 있다.

다만, 어떤 특정 상황에서 '아이가 있다면 어땠을까' 생각해본 적은 몇 번 있었다.

나는 집안일을 도맡아 하기 때문에 소위 '맘카페' 회원들과 흥미나 관심사가 비슷한 편이다. 지역 커뮤니티 활동도 해서 엄마들 그룹과도 자주 접한다. 어떤 지역의 작은 모임에서 있었던 일이다. 휴식 시간에 다른 엄마들 몇 명과 이야기를 시작했다. 그러자 곧이어 육아가 힘들다는 이야기로 이어져 아무 말도 할 수 없었다. 그 이야기가 끝나자 다음은 학교 이야기로, 점점 아이들과 관련된 이야기로 이어졌다. 다른 도망칠 곳도 없고, 나는 어색하게 맞장구치며 그 시간을 보냈다.

'자식 없는 사람을 힘들게하는 큰 이유 중 하나가 주변의 압력이 아닐까'라고 느낀 순간이었다.

30~40%의 사람은 평생 자식 없이 산다

-

평생 자식 없이 사는 사람은 얼마나 될까? 2010년 통계조사에 따르면 남성의 30퍼센트, 여성의 20퍼센트가 이에 해당했다. 그리고 2035년이 되면 남성은 40퍼센트, 여성은 30퍼센트로 증가할 것이라고 전망했다. 30~40퍼센트라는 숫자를 보면 이렇게 많은 사람이 자식이 없다는 이유 하나만으로 행복하지 않을 거라고 단정하기는 어려워 보인다.

외국은 어떨까? 아시아 선진국은 모두 저출생으로 고민

하고 있다. 한국은 세계 최고의 저출생률 국가인데, 대만, 홍콩, 싱가포르도 비슷한 수준이다. 놀라지 말라. 이 지역들은 모두 2018년 전 세계 출생률 워스트 5위에 들었다. 출생률이 낮기로 유명한 일본은 그보다는 조금 높은 저출생률 19위이다. 유럽 선진국과 미국도 하위권에 슬쩍 끼어 있고, 상위 100위 이내에는 개발도상국밖에 없다.

　부유한 국가에서는 점차 아이를 낳지 않게 되는 것 같다.

　생물계 전체를 살펴보자. 번성해서 개체 수가 증가하는 생물이라도 무한히 증가하지 않는 이유는 무엇일까? 쥐의 경우, 기하급수적으로 무한히 증식하지 않고 반드시 어딘가에서 증가세가 멈춘다. 개체 수가 많아지면 먹을 것이 부족하거나 살 곳이 좁아져 자연히 증가세는 감소한다. 전형적인 패턴을 보면 초반에 천천히 증가하고 증식기에 급격하게 늘어났다가 다시 완만한 정체를 이루며 S자 곡선을 그린다.

　인간도 생물이다. 인간의 개체 수 증가 역시 이러한 그래프를 그리는 것으로 알려져 있다. 경제가 성장하는 단계에서는 어느 나라에서나 대체로 인구가 증가하지만, 이윽고 그 성장세도 멈추고 정체기에 들어선다.

19세기 후반 메이지 시대부터 일본에서도 인구가 급격하게 늘었다. 그래프를 보면 메이지 시대에 들어선 후부터 보이는 가파른 각도의 증가세에 깜짝 놀랄 정도다. 인구는 그대로 계속 증가했지만, 2000년대 후반 무렵부터 점차 줄기 시작했다.

자식을 낳지 않는 것도 자연의 습성이다

–

아이를 원치 않는 나도 들으면 마음이 불편해지는 말이 있다. '자손을 남기는 것이 생물의 목적이다'라는 말이다. 일반적으로 흔히 하는 말인데, 왠지 이 말을 들으면 내가 어떤 심각한 잘못을 저지르는 듯한 기분이 든다.

하지만 이제 보니 개체 수가 많아지면 자식을 낳지 않는 것 또한 생물의 자연스러운 습성이었다. 즉, 아이를 낳지 않는 사람도 자연의 관점에서 보면 생물의 섭리를 따르는 선택을 했다고 볼 수 있다.

아이가 없는 사람은 이제 상당히 많다. 그러나 제대로 알려지지 않은 탓에, '자식이 없는 사람은 행복해질 수 없다'라고 지나치게 몰이세우는 것 같다. 행복을 결성하는 건 자녀의 유무가 아니라, 자기에게 맞는 행복의 기준이 무엇인가를 정확히 아는가에 달렸다. 아이 없는 삶이 불안하다면 '내가 원하는 행복의 기준'을 구체적으로 한번 적어보기 바란다. 그 기준이 거짓 없고 정확하려면, 사회적 압력과 편견에서 가능한 한 멀리 떨어져서 생각해야 한다.

가정은 최대한
활짝 열어둔다

(닫힌 장소에서는 폭력이 일어나기 쉽다)

어릴 때 부모님은 맞벌이를 하셨다. 그래서 여름방학처럼 하루 종일 형과 둘이서만 집에 있을 때는 안전하지 않았다. 형도 나도 초등학생이던 시절엔 방학마다 매일같이 형에게 괴롭힘과 공격을 당했다. 같이 TV를 보거나 뭔가를 먹을 때 괴롭힘은 시작된다.

그 시기 우리 집과 비슷한 이웃집 이야기를 들었다. 그 집엔 두 살 터울의 형제가 살았는데, 나보다 두 살 많은 초등학교 고학년이었던 동생은 엄마가 외출할 때마다 어디에 가느냐며 같이 데려가달라고 졸랐다고 한다. 형과 단둘이 집 안에 남으면 내내 괴롭힘에 시달려야 했기 때문이다.

당시 나는 그 집 동생과 같이 놀 때가 많았는데 형제가 그런 관계라고는 전혀 알지 못했다. 다른 사람이 있을 때는 괴롭히는 행동을 하지 않았기 때문이다.

이 사실을 안 이후로 그 집을 보면 뭐라 말할 수 없는 기분이 들었다. 다른 그 무엇보다 그 동생의 마음을 깊이 이해할 것 같았다.

인간은 잔혹한 생물이다

–

흔히 하는 말은 아니지만, 아니 흔히 하는 말이 아니기에 여기서 꼭 하고 싶은 말이 있다.

인간은 잔혹한 생물이다. 다른 사람이 보고 있지 않으면 얼마든지 남을 괴롭히고 폭력을 휘두른다. 그러나 누군가 보고 있는 곳에서는 하지 않는다. 학교에서도, 친구 집단에서도 남이 보지 않는다고 생각하면 심한 따돌림이 벌어진다. 아이들의 따돌림 문제 전문가도 따돌림의 원인 중 하나로 학교의 폐쇄성을 자주 언급한다.

다른 많은 집단 중에서 가정만큼 쉽게 폐쇄성을 띠는 집단도 없다. 경찰도 가정 내 다툼에는 '민사 불개입'이라며 거의 손대지 않는다. 이 또한 폐쇄성을 높이는 원인이다. 가정은 그렇지 않아도 나쁜 일이 발생하기 쉬운 장소다. 가정 내 안전을 지키고 싶다면 무조건 은폐되는 제도를 바꾸어야 한다.

형제자매 간의 폭력도 줄어들고 있는 추세이긴 하나, 위험이 완전히 사라졌을 리는 없다.

집 안에 바람이 통하게 한다

–

폐쇄된 가정을 개방하려면 어떻게 해야 할까? 의외로 간단하다.

지금 우리 집은 파트너와 두 명이 살지만, '가정'이라고는 부르지 않는 공동생활이다. 그래도 무의식중에 바깥을 열어왔다. 가장 간단한 방법은 집에 사람을 초대하는 것이다.

예를 들면 유튜브로 추천하는 동영상을 보면서 대화하기만 해도 괜찮고, 같이 음식을 만들어 먹는 저녁 식사 자리도 괜찮다. 된장 만들기 같은 이벤트성 모임도 열어서 좀 더 많은 사람을 부르는 방법도 있다.

남에게 집 안을 보이는 것이 부끄럽다는 생각은 사람을

초대하는 데 가장 큰 장벽이 된다. 방이 더러워서, 사적인 물건이 있어서 등 온갖 걱정이 몰려온다. 그러나 그 걱정이야말로 집을 폐쇄해버리고 마는 큰 원인이 된다.

사람을 재우는 것은 그다음으로 고려해볼 방법이다. 지방에 사는 친구가 도쿄를 방문했을 때는 우리 집에서 묵을 때가 자주 있다. 초면인 외국인이 자고 가는 일도 종종 있었다. 대부분은 아는 사람으로부터 외국인 지인의 숙소를 구한다는 연락이 와서, 우리 집에서 자고 가도록 했다. 외국인이 오면 말이나 습관 차이로 다른 사람보다 힘들지만, 그만큼 우리 집이 열려 있다는 느낌이 많이 든다.

그리고 최근에는 온라인으로 식사 모임을 하게 되었다. 온라인 모임은 특히 간단한데, 각자 스마트폰이나 컴퓨터를 눈앞에 두고 서로 이야기하면서 저녁을 먹기만 하면 된다. 그래도 끝나고 컴퓨터를 끄고 나면 제대로 사람들과 모여서 식사했다는 느낌이 든다.

이렇게 손님이 온 다음에는 항상 방에 '쏴아' 하고 바람이 통하는 기분이다.

인간관계에서는 좀처럼 새로운 시도를 하기가 어렵다. 예를 들어 가본 적 없는 장소에 가보는 것은 간단하지만, 처음 어떤 집단에 들어가기란 상당히 망설여진다. 하지만 한 번 시도해본 뒤에는 큰 변화를 느낀다.

　은둔형 외톨이인 자식을 살해한 전직 고위 관료의 가정도, 그리고 내가 자란 우리 집도, 바깥으로 활짝 열려 있었다면 불행한 일은 없었을 것이다.

부모를 하나의 인격체로
생각한다

객관적으로 바라보면 증오도 누그러든다

당신의 가족은 좋은 가족인가, 나쁜 가족인가?

쉽사리 대답하기 힘들 것이다. 가족은 너무나 가까운 존재라, 사회에서 만나는 다른 사람을 볼 때처럼 객관적으로 바라보기가 힘들다. 좋은 점도, 나쁜 점도 모두 확대 렌즈를 대고 보듯 가깝게 보여서 판단력이 흐려지는 것이다. 명백하게 나쁜 부모, 나쁜 형제였다고 해도 지나치게 미워하면 도리어 자기만 피곤해질 뿐이다.

×××씨의 인생을 생각하자

–

마음을 계속 괴롭게 하는 가족이 있다면, 그 사람을 객관적으로 바라보는 연습을 해보길 권한다. 한 명, 한 명을 이름으로 떠올려보는 것이다. 예를 들어 아버지를 '×××씨'라는 본명으로 생각해본다. '아버지', '엄마' 같은 가족 호칭은 일단 머릿속에서 밀어내보는 것이다.

가족과 아무 문제가 없는 사람이라도 이 방법을 한번 시도해보길 바란다. 그리고 다른 수많은 지인 사이에 아버지, 어머니를 놓아보자. 그러면 객관적인 시선으로 비교할 수 있다. 부모보다 '××씨가 인격적으로 훌륭하지'라고 생각하는 사람도 있을 것이고, 부모가 '××씨보다는 낫지'라고 생각하는 사람도 있을 것이다. 일단은 그런 생각을 해보는 것이 중요하다.

누가 부모가 될 것인지는 '복권'과 같아서 1등을 바라기가 어렵다. 그럭저럭 괜찮다면 특별히 운명을 저주할 필요는 없다.

다음으로는 가족 각자의 시점에 서보자. 나는 예전에 이런 식으로 깊이 생각해본 적이 있다.

예를 들어 아버지의 인생을 상상해본다. 아침이면 회사에 가고, 저녁이면 집에 돌아오고, 다음 날 또 회사에 가는 일상. 자녀들 이외에도 매일 신경 써야 할 것이 산더미다. 그런 상황에서 아들인 내가 어떻게 보였을까? 어릴 때 나는 아버지는 항상 화만 낸다고 생각했지만, 사실 나와 만날 시간도 그렇게 많지 않았다. 내가 태어나기 전 부모의 인생을 생각하면 당연히 나는 있지도 않던 존재였는데도, 애증이 뒤섞이면서 우리 가족은 처음부터 하나였다고 생각했었나 보다. 하지만 역시 그렇지는 않았다. 부모에게도 부모의 인생이 있었다.

일단 가족을 해산하고 한 사람의 개인으로서 가족을 새롭게 모으는 방법이다. 어디까지나 마음속에서지만. 나는 이 방법을 통해 아버지, 어머니의 이미지가 바뀌었다. 물론 여전히 불만은 있었다. 하지만 그런대로 괜찮지 않을까 하고 생각할 수 있었다.

반면 형은 이 방법을 써봐도 전혀 바뀌지 않았다. 물론 그런 사람도 있다. 이런 정도로는 바뀌지 않는 사람도 있다는 사실도 인정해야 하는 법이다.

내가 살아온 것이 부모 덕분일까?

–

부모를 객관적으로 볼 수 없게 만드는 것이 '부모에게는 길러준 은혜가 있다'라는 사실이다. 상당히 흔한 말이지만 개인적으로는 거리를 둬야 할 말이라고 생각한다. 이 생각에 지나치게 매이면, 누구나 평생 부모와 대등하게 맞설 수 없다.

비슷한 이야기로 '낳아주신 은혜', '부모님이 주신 생명' 같은 말도 있다. 이 말에 따르면 나의 존재 자체가 부모의 은혜인 셈이다. 나도 젊었을 때는 이런 말을 맞닥뜨리고 망연자실했다. 그러나 자식을 낳을지, 말지의 선택을 지나온 지금이라면 어느 정도 알 것 같다. 부모라는 사람은 애초에 아버지나 어머니가 되고 싶었던 것이 아닌가. 물론 그렇지 않은 사례도 있긴 하지만, 아버지, 어머니란 이 사회에서는 상당히 유리한 포지션이다.

육아는 힘들지만, '행복 호르몬'이라고도 부르는 옥시토신은 아이를 낳아 키울 때 특히 많이 분비된다. 바로 그 '부모'가 되기 위해서는 아이가 필요하다. 즉, 자신을 위해 한 일이다. 그것을 전부 '자식에게 해줬다', '부모로부터 받았다'라고 표현한다면 부모로서는 상당히 편리한 일이다.

원근감을 바로잡으면 편안해진다

-

반려동물을 기르는 사람은 동물이 불쌍해서 온정을 다해 키워주는 것이 아니다. 나도 스스로를 위해 식물을 키웠기에 키워준 은혜 따위는 생각해보지도 않았다.

그런데 '부모의 은혜'라는 말은 지금까지 통용된다. 부모가 자식을 위압적으로 대해왔던 지금까지의 시대에는 '부모의 은혜'야말로 자식에게 반격당하지 않기 위한 좋은 구실이 되었다.

여기서 '길러준 은혜'는 차치하고, 우선 대등한 개인으로 생각해보자. 상대방이 한 사람의 개인으로서 나에게 좋은 사람이었는가를 살펴보아야 한다. 나의 경우 '부모는 부모 자신을 위해서 나를 키웠다'라는 사고방식이 나의 부모를 바라보는 관점을 바로잡는 데 큰 도움을 주었다. 이상하거나 나쁜 방향이 아니라 제대로, 객관적으로 다시 파악하는 방향으로 말이다.

'내 인생이 이렇게 된 것은 전부 부모가 잘못 키운 탓이다'라고 말하는 사람도 많다. 전부 부모 탓인지 아닌지는 둘째 치더라도, 가족 내에는 그렇게 생각하게 만드는 무엇인가 있다.

만약 부모 탓이라 해도 부모를 항상 미워해서는 마음이 편안해질 수 없다. 어느 쪽이 되었든 가족과의 거리가 가까운 탓에 증오도 지나치게 커졌을지도 모른다. 그러므로 가족과의 원근감을 바로잡으면 편안해질 수 있다.

훌륭한 가족상에
속지 않는다

최근 가족심리학 분야에서 반성하는 부분이 있다. 기존 가족심리학에서는 부모와 자식 간에 사이가 좋은 경우만 강조했고, 서로 싫어하는 감정이 있다는 사실을 인정하지 않았다. 특히 자식을 사랑하지 않는 어머니는 있어서는 안 될 존재로 비난받았다. 그러나 많은 어머니에게 그런 감정이 존재한다는 사실이 밝혀져 최근에야 겨우 자연스러운 일로 보게 되었다.

　'웃는 얼굴', '사랑', '정'처럼 세상에 떠도는 가족의 이미지가 오히려 마음을 불편하게 한 적은 없는가? 물론 가족이라는 존재가 그 정도로 훌륭하지 않다는 것은 알고 있다. 나쁜 부모나 가정 폭력 뉴스는 끊임없이 들려오기 때문이다. 그런데도 아름다운 가족의 이미지가 흘러넘치면 왠지 이 세상에 질려버린다. 뭐든 과하면 질리는 경향이 있다지만, 확실히 그 말이 맞는 것 같다. 이 부분에 대해 조금 생각해보고 싶다. 어떤 것이든 좋은 점과 나쁜 점이 함께 있게 마련인데, 어째서 세상에는 가족의 좋은 이미지만 흘러넘치게 된 것일까?

혹시 미디어에서 이러한 이미지를 대량으로 내보내서 보는 사람을 질리게 만드는 것은 아닐까?

'모성'이란 이름의 이중성

–

가족 내에서만이 아니라 모든 인간관계 중에서 어머니와 어린 자식 간의 사랑만큼 절대시 되는 것도 없다. 이는 어디에서 유래되었을까?

어머니와 자식 간의 사랑이 태곳적부터 높은 가치로 치켜세워졌던 것은 아니다. 19세기만 해도 자녀는 노동력으로 여겨져 지금처럼 애정을 쏟는 대상이 아니었다. 이건 유럽이나 미국도 마찬가지였다. 그러다 20세기 초 즈음부터 대대적으로 모성의 역할이 강조되기 시작했다. 즉, 애초에 모성이란 아이를 사랑하라며 국가에서 지시하기 위해 생겨난 말이었다. 아이러니하게도 이 즈음부터 그전엔 드물었던 '모자 동반 사망'이 급증했다. 모친이 양육 부담을 혼자서 떠안을 수밖에 없게 된 것도 이 시기부터 시작됐다.

과도한 선의가 괴로움을 유발한다

우리 집에서는 항상 TV를 보면서 저녁을 먹었기 때문에, 한 식탁에서 밥을 먹을 때에도 대화를 나누었던 기억은 없다. 언쟁이라도 일어날라치면 빨리 밥을 다 먹고 내 방으로 도망가고 싶다는 생각밖에 없었다. 당연하게도 우리 집 식탁은 '단란한 가족'과는 거리가 멀었다.

그러면 '단란한 가족'의 이러한 이미지는 언제부터 세상에 널리 퍼졌을까? 사실 이런 이미지도 아주 옛날 옛적부터 있었던 것이 아니다. 일본의 경우 19세기 후반부터 교과서나 잡지에 실렸으며, 이는 서양의 영향을 받아 국가에서 강요한 것이라고 볼 수 있다. 더구나 식사는 조용히 하는 것이 매너였던 일본은 실상 가족끼리 모여 그렇게 단란하게 대화를 나누는 것 자체가 부자연스럽고 어색한 문화였다.

사회가 다짜고짜 강조했던 '사랑이 넘치는 가정'의 이미지는 그러니까, '이런 가족이 이상적입니다'라고 계몽하기 위해 강요한 내용으로 볼 수 있다. 물론 그 전까지의 엄격하기만 한 부모 자식 관계보다는 단란한 가족이 나을 것이다. 또한 국민을 계몽하려는 사회의 메시지엔 '더 나은 세상을 위한' 선의도 있었을 것이다. 이런 계몽적 움직임이 흐름을 타면 웬만해선 멈추지 않고 널리 퍼진다. 좋은 의도라는 선의가 있기에 부정하기도 쉽지 않다. 그러나 그 이면에 있는 사람들의 상처와 괴로움도 충분히 고려해야만 한다.

당신의 가정이 화목하지 않아도 괜찮다. 불안과 공포가 가득한 집에서 자랐다고 한들, 그것은 결코 당신의 부족함이나 결핍이 될 수 없다. 그러니 미디어의 허상과 당신의 삶을 견주며 가뜩이나 힘든 삶에 절망할 거리를 하나 더 더하지 않길 바란다.

가족은
사람이 아니어도 괜찮다

(식물이든 푹신푹신한 쿠션이든)

혼자 사는 프리랜서였던 시절을 기점으로 나는 7~8년 정도 식물을 키웠다. 집에 항상 열 개 정도의 화분이 있었고, 바꿔 심거나 가지를 정리하거나 화분의 위치를 바꿔서 바라보기도 하면서 식물 집사 생활을 즐겼다. 아무도 만나지 않는 날이 많아 살아 숨 쉬는 존재와의 교류가 없었는데, 화분 덕분에 삭막했던 방에 생명의 에너지가 감도는 듯했다. 내 머리카락과 손톱까지 꽃의 비료로 썼다. 그렇게 내 몸의 일부가 다시 식물의 일부가 되는 것이 재미있었다. 특히 마음에 든 화분에는 이름까지 붙였다. 식물을 키우는 일은 자식을 키우는 것과도 비슷할지 모르겠다.

요즘 '애착'이라는 말이 자주 화제에 오르곤 한다. 가족처럼 가까운 사람과 맞닿아 애착을 느끼면 스트레스가 줄어들고 행복해진다고 한다. 이러한 애착이 없다면 사람은 결국 아무런 만족을 얻을 수 없다고까지 말하는 심리 전문가도 있다.

그런데 이런 이야기를 들을 때마다 낙담하는 사람도 많을 것 같다. 특히 '인간'을 좋아하지 않는 사람이라면 행복해지는 길을 잃어버리는 듯한 느낌을 받기 쉽다. 나는 어릴 때 매일같이 가족과 붙어 있었지만, 안정감을 느끼기는커녕 스트레스만 쌓일 뿐이었다. 가까운 사람에게 애착을 느껴야 한다는 시각도 상당히 일방적인 관점이라고 본다.

그래서 나는 이렇게 생각한다.

애착을 느끼는 대상은 인간이 아니어도 괜찮다.

도저히 인간을 대하기 어려울 때는 인간과의 접촉을 최소화하면 된다. 사람이 사람을 경계하는 이유는 원래 인간이 무서운 존재이기 때문이다.

애니멀 테라피

–

우리가 애착을 느낄 때 뇌에서는 '옥시토신'이라는 물질이 분비된다. 이 물질은 '애착 호르몬'이라고도 불리며, 스트레스를 줄여 마음에 평안을 가져다준다. 애착이라는 개념이 화제에 오르는 이유는 바로 이 옥시토신에 주목하기 때문이라고도 할 수 있다.

그러나 실제로 옥시토신이 분비되게 하는 대상은 인간만이 아니다. 사람과 친해지기 어려워도 애착을 포기할 필요는 없다. 가장 대중적인 대상이 고양이, 개와 같은 반려동물이다. 실제로 코로나바이러스로 인해 스트레스 그 자체인 자가 격리 생활을 강요당한 2020년, 고양이와 개를 키우기 시작한 사람이 급증했다고 한다.

'애니멀 테라피'라는 심리요법도 있다. 어떤 정신과 의사가 자포자기 상태로 자해하는 여성에게 강아지를 키우게 하자 점차 상태가 안정되면서 표정도 예전처럼 밝아졌다는 사례도 있었다. 고양이를 키우는 내 친구 중에는 자식보다도 고양이가 좋다고 말하는 사람도 있다.

인형이나 쿠션도 가족이 될 수 있다

-

동거인이 생기면서부터 점점 식물을 줄여가고 이제는 이제 키우지 않게 되었지만, 봄이 되면 들꽃을 꺾어 와 꽃병에 꽂아 책상 위, 화장실 안 등 가는 곳마다 놓아두곤 한다. 특히 마음에 드는 꽃은 사진을 찍어서 그 사진까지 열심히 들여다본다. 식물이나 흙을 만질 때 느껴지는 특유의 편안함이 있다. 최근 들어 알게 된 사실은 그러한 것을 만질 때도 역시 옥시토신이 분비된다는 것이다.

덧붙여 말하자면, 그 대상은 생물이 아니라도 괜찮다. 인형은 어떨까? 사실 나도 작은 인형이 있어서 가까이에 두고 자주 만진다. 인형이 시야에 들어와 있기만 해도 미움의 감정은 누그러진다.

이전에 모임 사람들과 줌 미팅을 열었을 때, 서로 자신의 인형을 보여준 적이 있다. 아끼는 인형을 가진 남성도 있었다. '인형을 가진 사람이 이렇게나 많구나' 하고 내심 놀랐다. 실제로 인형을 만지거나 말을 걸면서 마음을 치료하는 '인형 치료' 요법도 있다고 한다.

인형만이 아니다. 부드러운 천을 만지거나 커다란 쿠션을 꺼안는 것만으로 옥시토신이 분비된다는 연구 결과도 있다. 곁에 사람이 없다고 해서 애착 욕구를 채우는 것이 불가능한 것은 결코 아니라는 뜻이다.

나에게 좀 더 관대해져야 한다

—

내가 식물에 빠졌던 때는 20년도 더 전의 일이다. 그땐 '남자가 꽃을 좋아한다'라는 말을 하는 것 자체가 어려운 시절이었다. 하물며 '인형을 좋아한다'는 이야기를 남자가, 심지어 어른이 꺼내기는 더 어려웠을 것이다. 애착의 대상은 어째서 이렇게 남자한테 어울리지 않는다고 여기는 것들만 있을까? 우리 사회는 지금껏 인형을 좋아하는 어린애 같은 태도는 자립한 개인으로서 바람직하지 않다고 보았다. 그 기준이 한층 더 엄격하게 적용된 대상이 어른, 그리고 남자였다. 그러나 성적소수자가 용인되는 분위기와 더불어 세상은 빠르게 바뀌고 있다. 더 이상 남자가 남자답지 않아도 된다.

그다음으로 깨뜨려야 할 압박은 '어른스러움'이어야 할 것이다. 극단적으로 자립을 중시하는 환경 속에 자란 사람은 타인과 건강한 애착 관계를 만드는 것에 어려움을 느낄 것이다. 거기에 인간에 대한 경계심이 더해지면 더더욱 회피적인 성향이 되고, 비자발적으로 외로운 삶을 살아가기 쉽다. 어른스러워야 한다는 강박으로 스스로 자신을 고립시키지 않길 바란다. 우리는 우리 자신에게 좀 더 관대해져야 한다.

혈연에
얽매이지 않는다

남의 아이와도 가족이 될 수 있다

당신이 살아오면서 만난 수많은 사람을 한번 천천히 떠올려보자. 그중 핏줄로 이어진 사람들과, 핏줄이 아닌 사람들 중 당신과 마음이 잘 맞았던 사람들은 어느 쪽인가? 나는 당연히 후자였다.

핏줄로 이어졌다는 말은 유전자가 비슷하다는 말이다. 세상에서 나와 유전자가 제일 비슷한 형과 살았던 때를 떠올리면 좋았던 순간이 단 하나도 기억나지 않는다. 아버지는 그냥 엄했다고만 말해두겠다.

가족 중에서 유일하게 혈연이 아닌 부부가 차라리 마음이 더 잘 맞는 듯하다. 결론적으로 유전자가 비슷한 것과 함께 있을 때 편안한 것은 아무 관계가 없었다. 따라서 사이가 좋지 않다고 해서 특별히 슬퍼할 필요도 없다. 최소한 그 정도로 생각하면 마음이 한결 편안해진다.

피보다 뜨거운 인연

-

친한 친구의 친구 중 남편의 일 때문에 미국에서 일본으로 온 여성이 있다. 그 여성은 유튜버인데, 채널에서 특히 인기 있는 영상이 있다.

그녀와 남편이 비행기를 타고 중국으로 떠난다. 이어지는 장면에서 두 사람은 미묘한 표정으로 어떤 방에 앉아 누군가를 기다린다. 이윽고 어린 남자아이가 방으로 들어오고, 여성은 기뻐하며 아이를 안아 올린다. 그리고 수화로 아이에게 말을 건다.

바로 부부가 입양하기로 한, 청각장애가 있는 중국인 아이와 처음 만날 때의 장면이다. 미국인이면서 일본에 사는 그 부부는 중국인 아이를 입양했다. 일본의 상식으로는 상상도 되지 않는 부모 자식 관계다. 핏줄로 이어져 있지 않을 뿐더러 피부색까지 다르기 때문이다.

실제로 미국을 비롯한 서양에서는 이런 식으로 신흥국, 개발도상국의 아이를 입양하는 것이 드문 일이 아니다.

　물론 양자를 들이는 것 자체는 흔한 일이다. 스웨덴에서는 어린이 50명 중 한 명은 양자라고 한다. 양육하는 부모가 없는 아이를 양자로 들이는 것은 남을 돕는다는 의미에서 권장하는 일이다. 미국에서는 친양자 입양이 연간 몇만 건도 넘는데, 일본에서는 몇 백 건에 불과하다. 그 이유로 자주 언급되는 것이 일본의 혈연 중시 풍조이다. 기본적으로 일본에서는 친부모가 허락하지 않으면 15세 미만의 아이는 다른 성인과 친자관계를 맺을 수 없다. 친부모가 절대적인 권한을 갖고 있기에 입양 건수가 느는 데도 한계가 있다.

혈연은 그렇게 중요하지 않았다

-

의외의 사실은, 혈연을 중시하는 풍조가 그리 오래된 관습은 아니라는 것이다. 오히려 과거에는 양자를 들이는 것이 일반적인 풍습이었다. 성인을 양자로 들이는 경우도 흔했고, 후사가 없는 집은 혈연이 아닌 사람도 자식으로 들여 대를 잇게 했다. 또 사별이나 재혼이 많았기 때문에 어머니와 자식이 혈연관계가 아닌 경우도 많았다. 당시 일본에서 혈연을 고집하지 않았던 분위기는 아시아에서도 두드러질 정도였다고 한다.

그러나 19세기 말에 이르면서 '자식'이란 아버지와 어머니 사이에서 태어난 친자를 일컫도록 법률로 정해졌고, 친부모가 책임을 갖고 아이를 기르는 것이 상식이 되었다. 물론 관행으로 양자도 허용되었지만, 혼외자를 포함해 혈연이 아닌 자식은 조금씩 설 곳을 잃어갔다. 즉, '친자'나 '피를 나눈 형제' 같은 관계를 중시하게 된 것은 100년 정도밖에 되지 않았다.

지금은 그 분위기가 한 바퀴 돌아 다시 과거로 돌아가고 있다. 예컨대 동성애 커플이 자녀를 키울 수 있도록 친양자 입양 제도를 검토하는 등의 사회적인 움직임이 일어나고 있다. 또 아이가 생기지 않는 커플은 다른 사람의 정자나 난자를 빌려 출산할 수 있게 되었다. 기존의 굳건했던 혈연주의를 뒤흔드는 움직임이다.

만약 혈연이 그다지 중요하지 않은 세상이 된다면 부모 자식 관계가 어떻게 확대될까?

양자를 들이는 방법, 다른 사람의 정자나 난자를 빌리는 방법은 물론, 아이가 있는 한부모 가정과 결혼하는 것도 아이를 갖는 한 가지 방법이 된다. 또 친부모 대신 아이를 돌보는 것도 돌본 만큼은 자식을 둔 셈이 된다.

혈연에서 멀어지면 편안해진다

–

오래전 부모가 죽거나 가족과 헤어지는 일이 많은 시대에 아이는 친부모의 힘으로만 키울 수 없었다. 이웃 사람이나 친척이 대신 키우는 것이 당연했다. 과거에는 '모유'라는 말이 없었다는 이야기도 흥미롭다. 엄마뿐 아니라 여러 사람이 젖을 주었기 때문이다.

혈연주의는 상당히 배타적이다. 혈연이 가장 중요한 세상에서는 친부모가 아니면 아이를 좀처럼 접할 수가 없다. 아이와 만나려면 자신이 낳은 아이를 만날 수밖에 없다. 그것이 상식이 되었다. 모 아니면 도다. '도'일 때도 싫지만 '모'일 때도 너무 책임이 막중해서 거부감이 든다. 출산율이 매해 더 떨어지는 것도 그 막중한 책임 때문인 듯하다.

그동안 우리는 아주 당연하다는 듯이 혈연을 중시했다. 그러나 묻고 싶다.

핏줄로 이어져서 뭐가 좋은가?

마음이 맞지 않으면 부부처럼 부모와 자식도 헤어지거나 다른 사람과 관계를 맺을 수 있는 편이 낫다. 같은 핏줄끼리 사이가 좋지 않을 수도 있다. 그렇게 생각하고 다시금 자기 가족을 바라보면, 조금은 마음이 편안해질 것이다.

서드 플레이스로
도망쳐도 된다

가정이나 사회에 마음을 점령당하지 않는다

아무리 사이좋은 가족이라도 때로는 숨 막히는 집에서 뛰쳐나가 다른 세상에 들어가고 싶다고 생각한 적은 없는가? 가족이 귀찮게 느껴지는 날, 저녁을 먹은 뒤에는 특히 그렇다.

인도네시아의 농크롱

–

인도네시아의 어느 섬에 오래 머무른 적이 있다. 그곳엔 독특한 문화가 있었다. 저녁을 먹은 뒤 산책하러 나가면 이웃집 젊은이들이 항구 근처 주택가 어느 모퉁이같이 정해진 장소에 매일 밤 삼삼오오 모여 떠드는 광경이 신기하고 재미있었다. 이렇게 사람들이 모여 쓸데없는 이야기를 하는 행위에 그들은 '농크롱nongkrong'이라는 이름까지 붙였다. 물론 농크롱은 도심에서도 이루어진다. 길거리 노점처럼 길가 한구석에서도 잡담하는 모습은 지금까지 자주 여행한 동남아시아 나라들에서 상당히 자주 봤던 광경이었다.

내가 살던 주택가에는 평일 낮에 사람이 거의 없었다. 특히 고령자가 아닌 성인 남자는 매일 외출해도 거의 볼 수 없었다. 이따금 도서관 같은 곳에서는 젊은 남성도 하나둘 보였기 때문에 없을 리가 없지만 말이다. 그리고 종종 경찰이 다른 사람은 그냥 지나치면서도 나한테만 불심검문을 한 적이 있었다. 이런 동네에서는 누군가가 나를 신고해도 이상하지 않겠다고 생각했다.

코로나바이러스로 인한 외출 자제 기간 초반에 학교와 회사가 쉬게 되자, 처음으로 이 동네에서도 평일 낮에 젊은 아빠들과 아이들이 자주 눈에 띄었다. 갑자기 활기찬 동네가 되어서 '항상 이런 상태라면 여기도 계속 살기 좋을 텐데'라는 생각에 잠겼다.

다른 세상이 하나 더 있다는 구원

–

인간관계가 어려웠던 어린 시절 내게 주어진 가장 중요한 미션은 집이나 회사, 학교가 내 마음을 완전히 장악하지 않도록 하는 것이었다. 초등학교 5학년 무렵부터는 라디오를 즐겨 듣기 시작했다. 저녁을 먹고 나면 라디오를 들으러 내 방으로 향했다. 늦은 밤까지 진행자가 선곡한 음악을 들려주며 이런저런 이야기를 했다. 당시에는 젊은 청취자들을 대상으로 한 심야 방송이 전성기였다. 내가 좋아하는 진행자가 방송하는 시간이면 가족이 모두 잠든 조용한 시간에 볼륨을 낮춰서 듣고는 했다.

집도 학교도 아닌 다른 무언가와 접한다는 것은 어린아이의 인생에서 처음 있는 일이었다. 라디오에서는 불건전하거나 외설스러운 이야기가 흘러나올 때도 있었고, TV로는 절대 들을 수 없는 록이나 팝을 들려줄 때도 있었다. 좋아하는 곡이 나오면 녹음 버튼을 누르고 홀린 듯이 들었다. 그 음악들이야말로 내 마음의 커다란 버팀목이어서, 수업 중에도 머릿속으로 흥얼거리곤 했다.

나의 진짜 인생은 이 라디오에서부터 시작되었다고 할 수 있다. 그 이후에 추구해온 것, 표현해온 것은 모두 여기에서 시작되었다.

　나에게 집은 더 이상 안전한 장소가 아니었다. 라디오는 내가 있을 곳도, 사람도 아니었지만, 또 다른 세상이 하나 더 있다는 사실이 나를 살게 했다.

서드 플레이스

–

'서드 플레이스third place'라는 말을 들어본 적이 있는가? 가정이 제1의 장소, 회사나 학교가 제2의 장소라면 그와는 다른 곳이 바로 제3의 장소, 서드 플레이스다. 자주 가는 도서관이나 카페가 있더라도 그저 앉아 있기만 할 뿐이라면 서드 플레이스라고 부르지 않는다. 서드 플레이스가 되려면 그곳에 있는 다른 손님과 이야기를 시작해야만 한다. 대표적인 장소로는 영국의 펍이 있다. 우리에게 친숙한 곳으로 말하자면 동네 술집 정도일까.

　술집이 아니라도 괜찮다. 음식점도 상관없고, 편의점이든 이발소든 동네 사람들이 '모여서 수다 떨기'가 가능한 곳이라면 서드 플레이스가 된다.

　사이좋은 가족이라고 해도 집에만 계속 있는 것은 바람

직하지 않다. 다양한 가치관을 가진 세상과 접해야 숨이 트이고, 각자의 세상을 넓은 시야로 비교하면서 마음의 여유를 지킬 수 있다. 서드 플레이스가 없는 세상에서도 사람은 살아갈 수 있다. 하지만 건강한 마음으로 살아갈 수 있는가 하면, 아무래도 어려워 보인다.

가족과 평생
떨어져 살아도 괜찮다

어긋나는 상대와는 함께하지 않는다

나는 스무 살 즈음부터 형과 의절했다. 당연히 그때부터 따로 살았다. 설날이 되면 본가에 갈 때도 우연히 마주치지 않도록 날짜를 조정했다. 같이 살 적에 항상 일촉즉발의 상태였으니 당연한 일이다.

가족과 계속 떨어져 살아도 괜찮을지 고민하는 사람이 많다. 이미 오래 떨어져 살았는데 부모의 병간호 같은 문제가 발생했을 때 고민은 더 깊어진다. 그러나 함께 지낼 때 사이가 좋지 않았다면 계속 따로 살아도 괜찮다고 생각한다. 여태껏 따로 잘 살았는데 꼭 다시 같이 살아야만 하는 이유가 있을까? 가족이기 때문에? 그렇다면 잠시 그 이유는 내려놓고 실제로 함께했을 때 어떠했는지를 생각해보는 것이 중요하다.

같이 있어서 즐거웠다면 기회가 될 때 다시 함께 살면 된다. 반면 마음이 잘 맞지도 않을뿐더러 위압적이거나 폭력을 계속 휘두르는 사람이 있었다면 물어보고 싶다. 단지 '가족이기 때문에' 그런 사람과 다시 가까이에서 지내는 것이 과연 당신에게, 그리고 당신의 남은 인생에 좋은 일일까?

자주 만날수록 끊어내기 어렵다

–

나는 부모님과는 한 달에 한 번 정도 만난다. 안타깝지만, 너무 자주 만나면 이래라저래라 잔소리만 늘고 서로 싸움만 벌어진다. 말싸움에서 의절로 이어질 뻔한 위기도 몇 차례 있었다. 연을 끊지 않고 관계를 오래 유지하기 위해서는 지나치게 허물없어지면 안 된다. 남처럼 서먹한 느낌이 조금 남아 있는 정도가 딱 좋다.

일본의 고령자를 대상으로 한 어느 설문조사에서 '자식이나 손주와 얼마나 자주 만나고 싶습니까?'라는 질문에 '가끔 만나서 식사나 대화하는 정도가 좋다'는 응답이 57퍼센트로 1위를 차지했다. '항상 함께 있는 것이 좋다'라는 응답은 상당히 낮았다. 이제 부모 세대의 인식도 이렇게 바뀌어가고 있다.

가족 병간호로 살인도 일어난다

–

그렇다면 부모의 병간호 문제는 어떻게 하면 좋을까? 스웨덴에서는 67세 이상의 연령 중 자녀와 함께 사는 사람은 겨우 4퍼센트에 불과하다. 즉, 함께 살면서 부모를 부양하는 사람은 거의 없다는 말이다. 북유럽에서는 일반적인 일인데, 서양 전체와 비교해 동양권은 상대적으로 가족의 병간호에 대한 부담을 많이 지는 편이다. 부모의 병간호를 직접 하지 않고 요양 시설에 보내는 데 대한 안 좋은 시선이 아직도 있다. 그러나 이러한 시각은 인간의 좋지 않은 측면을 고려하지 않았다는 문제가 있다.

사이좋은 가족이고 마음에서 우러나서 부모를 봉양하며 같이 산다면 그건 그것대로 아름다운 일이다. 하지만 안 그래도 사이가 나쁜데 병간호 때문에 억지로 같이 살게 된다면 더 큰 불행이 일어날 수도 있다. 형제는 의절했고 부모 자식은 한 달에 한 번밖에 만나지 않는 가족이라면 어떨까? 그렇지 않아도 불만이 쌓인 사이에 병간호라는 무거운 짐이 끼어든다면? 어떻게 될지는 불 보듯 뻔하다.

돌보기 힘든 부모를 증오하는 경우도 있는가 하면, 자녀들 간에 병간호를 서로 떠넘기다 싸움이 일어나는 일도 흔하다. 매년 몇 십 건도 더 발생하는 병간호 살인도 큰 문제가 되었다. 무턱대고 가까워져서 불행한 싸움을 벌이는 것과, 애초에 싸울 빌미를 만들지 않고 거리를 두는 것 중 어느 쪽이 모두에게 이로운 결말이겠는가.

이 세상에 존재하는 가족에 대한 상식은 아마도 화목한 가정 속에 있는 사람의 시선에서 생겨났을 것이다. 아니, 인간관계에 대한 상식 대부분이 그렇다. 사이좋은 가족이라면 그 상태로 아무 문제도 없을 테니까 말이다.

오랫동안 함께 지낼지 말지를 결정하는 가장 확실하고 중요한 기준은 '지금까지 사이가 좋았는지 아닌지'다. 그것밖에 없다.

3장　　　짝이 있어야 한다는 강박에서 벗어날 것

나는 서른 살까지 소위 말하는 '모태 솔로'였다. 일대일로 데이트 같은 것도 한 번도 해본 적이 없었다. 고등학생 때부터 재수생 때까지는 이성과 대화해본 기억도 거의 없다. 고등학교는 남녀공학이어서 근처에 여자는 있었지만, 이름이 기억나는 사람조차 거의 없다.

서른 정도 되고부터 이성과 사귀기 시작한 이유는 내가 쓴 책이 베스트셀러가 되면서 점차 흥미와 관심사가 맞는 상대를 만나기 쉬워졌기 때문이다. 그런 특별한 계기가 없었다면 그 뒤로도 어떻게 되었을지 모르겠다.

원래부터 연애에는 그다지 관심이 없었다. 여자에게 잘 보이려고 노력하는 것은 부끄럽다고 생각했다. 심지어 누구나 그럴 거라고 생각했다.

'연애해본 적이 없다'라고
말할 수 없는 분위기

교제뿐 아니라 '고백'이나 '섹스'라는 과정까지 더해지면 점점 마음이 답답해졌다. 통상적인 연애에는 마치 의식 같은 절차가 있어서 이 절차를 모르면 불만을 듣거나 웃음거리가 되어버린다. '그걸 전부 다 해야 해?'라고 생각한다면 이상한 사람인 걸까?

게다가 나는 연애 말고도 다른 신경 쓸 곳이 많았다. 나처럼 사회불안장애가 있는 사람은 모두 연애 감정을 느끼지 않는다는 말은 아니다. 그러나 불안장애 때문에 불안과 공포를 마주하는 시간이 남보다 배로 길었으므로 '사랑 같은 걸 생각할 때가 아니야'라는 생각이 항상 마음 깊이 깔려 있었다. 매일 그렇게 살다 보면 아주 간단하게 연애 같은 건 안 해도 괜찮다고 생각하게 된다.

나에게 연애란 그런 것이었다. 이런 생각은 혼자서만 간직하고 있다가 최근에서야 드러내기 시작했다. 그렇게 보기 드문 일도 아닌데 말이다.

결혼과 연애에 대한 사회적인 압박은 상당히 강력하다. 이 사회가 '행복의 조건'이라고 말하는 세 가지 조건, 즉 '결혼'과 '자녀'와 '가족'이란 목표에 도달하기 위해서는 남녀가 짝을 이루지 않으면 시작조차 할 수 없다. 사회는 끊임없이 우리가 짝을 이루도록 강하게 밀어붙인다.

일본의 경우 19세기 후반부터 결혼을 위한 필수 관문인

'맞선'에 대한 압력이 엄청났다. 연애결혼이 중매결혼보다 많아진 것은 의외로 최근으로, 1960년대부터의 일이다. 연애결혼율이 늘어나면서 맞선보다 연애에 대한 압력이 더 강해진 것이다.

자녀와 결혼이
행복의 필수 조건은 아니다

그러나 이러한 현상도 결혼이 행복의 전부였던 시절의 이야기이다. 지금의 사회에 오기까지 결혼은 점차 행복의 조건에서 빠지게 되었다. 최근에는 결혼하지 않는 사람도 아주 많아졌다. 결혼하지 않아도 괜찮다면 연애도 그렇지 않을까?

결혼하지 않는 사람이 늘어난 원인을 찾아보면 정말로 여러 가지 이유가 있다. 하지만 가장 거시적인 관점에서 본다면, (조금 의외일 수도 있지만) '이제 인간이 너무 많아져서'일 것이다.

2장에서도 말했듯이, 이 세상이 인간으로 가득 차면 우리는 이제 더 이상 개체 수를 늘리지 않아도 된다고 여기기 시작한다. 결혼하는 사람이 줄어드는 것도, 아이를 낳지 않는 것도 인구가 과밀한 선진국에서 공통으로 나타나는 현상이다. '아이를 안 낳을 거면 굳이 결혼을 해야 할까', '결혼도 포기했는데 연애는 해서 뭐 해'라는 생각이 점점 강해지고 있다. 다시 말해, 사회 구성원 모두가 좇던 '연애', '결혼', '가족'이라는 행복의 3종 세트가 통째로 매력을 잃어버렸다.

이에 더해 연애는 안 해도 그만이지만 한다고 해도 적당히 하는 게 낫다는 시각도 생겨나고 있다. 원래 연애란 그렇게 해도 괜찮았다. 애당초, 연애하고 결혼하면 행복해진다는 말부터가 거짓이었다.

한편 "난 인기가 없어서 연애가 뜻대로 안 돼", "아무래도 결혼을 못할 것 같아", "결혼도 무섭지만 혼자 사는 건 더 두려워"같이 불안해하는 목소리도 있다. 이러한 불안도 어쨌든 연애와 결혼을 중시하는 마음에서 생겨났을 것이다. 그렇다면 불안에만 빠져 있기보다 좀 더 다른 형태의 행복의 가능성을 점쳐보면 어떨까?

어찌 됐건 연애를 무턱대고 원하거나 무턱대고 거부하는 것이 아니라, 좀 더 가벼운 시각으로 바라봤으면 한다.

애초에 연애는
안 해도 상관없다

일본의 한 의식조사에서 미혼에 애인이 없는 사람의 약 40퍼센트가 '애인을 원하지 않는다'라고 대답했다. 그리고 그 이유로 가장 많았던 응답은 '연애가 귀찮다'였다. 신체적·심리적 에너지가 많이 드는 연애를 기피하는 사람이 실제로 많아지는 추세인 것 같다.

반면 미디어는 여전히 연애를 예찬한다. 팝 음악의 가사도, 청춘영화의 테마도 대부분 연애와 사랑이다. 모두가 이성을 찾고 섹스를 원하는 이미지에 의해 지금까지의 연애문화가 성립되어왔다.

이제는 슬슬 바뀌어도 괜찮지 않을까?

연애 경험이 없다는 부끄러움

-

앞서 나는 서른까지 이성과 사귀어본 적이 없었다고 말했다. 그중에서도 특히 수수께끼인 부분은 고등학생부터 재수생 때까지인 십 대 후반의 시기다. 그 시기 나는 이성에게 연애 감정을 느껴본 적이 없었다. 내가 다닌 고등학교는 남녀공학이었는데, 그때 쓴 일기를 보면 여학생에 대한 글은 단 한 줄도 없었다. 동성 친구와의 관계에 대한 이야기만 질릴 정도로 적혀 있었다.

누군가를 보고 호감을 느낀다거나, 반대로 별로라고 느낀 관찰의 시선도 없었기에 어떤 이성이 있었는지도 기억에 전혀 남아 있지 않았다. 이름 하나가 기억날 뿐이다. 여성 연예인이나 만화, 애니메이션의 여성 캐릭터 등에도 흥미가 없었다. 음악을 고를 때도 연애 노래만 하는 뮤지션은 거들떠보지도 않았다.

대학생이 되고도 연애 감정이 생겼는지 아닌지 확실치 않다. 호감을 느낀 이성 정도는 있었지만, 사귀기 어려울 것 같으면 곧바로 포기할 정도로 의욕이 없었다.

나중에 내가 쓴 책이 베스트셀러가 되자 사람을 사귀는 환경이 싹 변했다. 내가 빠져 있던 마이너한 음악이나 만화

이야기도 할 수 있는 상대방을 찾을 수 있게 된 것은 인생에서 벌어진 획기적인 사건이었다. 그 이후에는 자연스럽게 이성과도 사귀게 되었다.

지금까지 이런 이야기는 거의 한 적이 없었다. 왜일까? 부끄러운 일로 여겼기 때문이다. 연애한 적이 없는 사람은 우선 사랑받지 못하고 인기 없는 사람이라고 낙인찍히고 무시당하기 쉽다. 소심하고 사회성 부족한 사람으로 보기도 한다.

지금에 와서 이런 얘기를 솔직하게 할 수 있는 것은, 연애에 의욕이 없는 것도 자연스러운 일일 수 있다고 생각하기 때문이다.

억지 교제가 혼자보다 괴롭다

–

이제 20~40대 미혼인 사람 중에서 애인이 없는 사람의 비율은 70퍼센트, 교제 경험이 없는 사람의 비율은 20대 남성의 경우 40퍼센트에 이른다.

'에이로맨틱Aromantic'이라는 말도 주목받고 있다. '에이'는 '부정'을 의미하는 접두사이고, '로맨틱'은 영어로 '연애의'라는 의미이다. 다시 말해 '연애 감정이 생기지 않는 성적 소수자'를 가리킨다. 마찬가지로 성적 욕구를 아예 느끼지 못하는 에이섹슈얼은 1퍼센트 정도 있으며, 이는 동성애자와 같은 비율이다. 성적 소수자들의 존재와 그 개념이 이 사회에 더 널리, 더 유연하게 받아들여져야 한다.

    연애는 하고 싶은 사람이 하고 싶은 만큼 하면 된다. 연애하기 어려울 때는 감정이 생기지 않으므로 억지로 하지 않아도 괜찮다.

    흔히 연애를 젊은 시절에 누리는 가장 큰 기쁨으로 여긴다. 그럼 그걸 전혀 경험하지 않은 사람은 후회할까? 적어도 나는 아니다. 물론 좋아하는 상대방이 있고 거기다 좋은 만남이 생겼다면 좀 더 즐거웠을 것이다. 하지만 그러지 않았다 해도 어쩔 수 없는 일이다. 오히려 자신의 신념을 굽히면서까지 가볍게 이성을 만나거나, 좋아하는 사람도 없으면서 억지로 누군가와 사귀었다면 그게 더 후회스러웠을 것이다.

    오직 자신이 하고 싶은 대로 했다면 나중에 큰 후회가 남지 않는 것 같다. 혹시 후회스러운 경험을 하더라도 본인의 선택이었으므로 어느 정도 감당이 된다. 문제는 마음이 별로 내키지 않는데 사회적인 시선이나 편견 때문에 억지로 무언가를 시도하는 데서 생긴다.

　'모두 이렇게 해야만 한다'라고 강요하는 일은 반드시 의심의 눈으로 바라봐야 한다.

억지로
섹스하지 않는다

(미디어가 만들어낸 환상에서 자유로워지기)

어떤 설문조사에서 섹스가 '항상/대체로 아프다'라고 대답한 여성이 18퍼센트나 됐다. 기분이 좋기는커녕 아픔을 참는 사람이 많다는 것이다. 온갖 미디어에서 섹스는 연애라는 스토리의 정점인 듯 대단한 것처럼 지나치게 떠받들어지고 있다. 과연 그렇게까지 큰 가치를 둘 만한 것인가 싶다.

특별한 행위로 여겨지는 만큼 섹스에 도달하기까지는 복잡한 과정이 필요하다. 우선 하고 싶은 마음이 들면 상대에게 은근슬쩍 의사를 전하고, 그 후 장소를 제안하고 유도하는 의식 같은 순서를 거쳐야만 한다. 게다가 대체로 이 과정은 남자가 막힘없이 거행한다. 이런 일련의 과정에 대해

"그걸 전부 다 해야 해?"라고 말하고 싶어지는 사람도 있는 법이다. 섹스 자체에는 어느 정도 관심이 있어도 거기에 도달하기까지의 수고를 생각하면 그만큼의 의욕은 아닌 사람도 많다. 나도 그중 한 명이었다.

섹스는 대단한 게 아니다

–

섹스가 과연 그렇게나 대단한 것인가 하면, 반드시 그런 것은 아니다.

처음부터 성공적으로 잘할 수는 없다. 그리고 잘 안 되면 완전히 분위기가 깨진다. 그런 상황이 두 번 정도 반복되면 마음은 무거워지고, 이 부담은 또다시 실패하는 원인이 된다. 이런 상황을 생각하면 차라리 만남 자체를 피하고 싶은 기분도 든다.

한편 성공한 것처럼 보여도 여성 쪽에서는 사실 아픔만 참았을 수도 있다. 행위가 끝난 뒤엔 '그렇게 대단한 것도 아니었네'라고 실망하는 사람도 많다.

그러나 '특별한 일'로 취급받는 행위인 만큼 경험해야 한다는 압력도 상당하다.

놀랍게도 남자들 사이에서 "너 여자랑 해본 적 없냐?"라고 물어보는 이가 아직도 존재한다. 경험이 없다고 하면 갑자기 상대방을 '어른이 안 된 인간'으로 보면서 우위를 점하려고 드는 알 수 없는 문화가 있다. 남자만 있는 술자리에서 흔히 볼 수 있는 모습이다. 여성들 사이에서도 섹스나 키스의 경험 여부로 떠들어대는 문화가 아직 있는 듯하다. 할리우드 청춘영화에서도 자주 볼 수 있는 장면이다.

이런 식으로 다루는 화제는 섹스만이 아니다. 키스, 데이트, 고백, 신체 발달과 관련된 것 등 다양하다. 그중에서도 섹스는 정점에 위치하는 화제다. 이렇게 떠들어대는 문화는 원래 아웃사이더 문화의 일부였다. 애초에 부모님이나 선생님의 지시를 착실하게 따르는 주류 세계에 반항하기 위한 문화였지만, 지금은 그 문화가 주류가 되어가고 있다.

사랑을 표현하는 방식은 섹스 말고도 많다

–

2015년에 실시한 어느 조사에서 35~39세의 연령 중 섹스 경험이 없는 사람은 남녀 모두 열 명에 한 명 정도였다. 그들 대부분은 평생 섹스를 하지 않을지도 모른다. 절대 적은 숫자는 아니지만, 좀 더 많아도 이상하지 않을 것 같다. 또한 요즘 섹스리스 부부가 늘고 있다는 사실이 마치 문제인 것처럼 자주 화제에 오르지만, 사실상 40~50대 부부라면 성관계가 뜸한 것이 오히려 자연스러운 일이다.

이렇게 생각해보면 섹스는 인생의 일정 시기에만 등장하는 행위다. 궁극적으로 섹스는 아이를 낳기 위한 행위이므로, 아이를 낳지 않는 사람이 늘어나는 상황에서 당연히 섹스와 담을 쌓는 사람도 늘어난다. 앞서 말했듯이 성적 욕구를 아예 느끼지 않는 '에이섹슈얼'인 사람도 1퍼센트 정도 있다.

섹스란 모든 사람에게 매력적인 행위는 아니다. 섹스를 즐기지 않는다고 해서 특이하다거나 비정상이 아니라는 얘기다.

'섹스리스'의 정의는 '성적 접촉이 1개월 이상 없는 상태'로, 여기서 성적 접촉에는 키스나 애무도 포함된다. 즉 적어도 '삽입'만이 섹스가 아니라는 의미이다. 앞으로는 섹스를 좀 더 넓은 범위로 인식해야 한다. 삽입만이 섹스이고 최고의 행위이며 그 이외는 준비 단계에 불과하다고 보는 그동안의 시각이 이상했다. 좋아하는 마음으로 다정하게 이야기하는 것도, 신체를 만지는 것도 섹스의 일부라고 생각해 보면 어떨까.

　　스킨십도 지나치게 과소평가하지 말고, 섹스의 연장선 상으로 보면 된다. 모든 장벽이 사라진 지금의 시대에 아주 적절한 시각이다.

싸우지 않는
상대를 고른다

결혼할 상대를 고르는 기준으로 딱 하나를 정해야 한다면
뭘 택하겠는가?

상당히 어려운 문제일 것이다. 재정 상태, 능력, 외모, 가
치관 등 절대 포기할 수 없는 기준이 저마다 있겠지만, 내가
첫 번째로 삼는 기준은 조금 다르다. 특히 멘탈이 강하지 않
은 사람에게는 더더욱 중요한 기준이다.

나는 다른 무엇보다도 '싸움이 일어나지 않는 상대'를 고
르는 것이 중요하다고 생각한다. 이 세상에서 가장 싫은 사
람은 나와 한창 싸우고 있는 바로 그 사람이다. 그 사람이
그 전에 얼마나 좋은 사람이고 자기에게 얼마나 잘해줬는

지는 상관없다. 당신에게 어떻게 잘해주었든, 다툼이 반복해서 생긴다면 더 이상 당신에게 좋은 사람이 아니다. 어쨌든 가까이에서 당신에게 피해를 주고 있기 때문이다.

물론 연애하거나 한집에 함께 살면서 한 번도 싸우지 않기란 불가능하다. 다만 외모나 수입보다는 우선 싸우는 횟수가 적고, 싸우더라도 스트레스 소모가 덜한 상태로 끝나는 상대를 골라야 한다는 뜻이다. 몇 십 평생을 함께 살아야 할 결혼 상대라면 더더욱 중요하다.

경솔하게 싸움의 원인을 만들지 않는다

구체적인 예시를 들어보겠다.

당신도, 당신의 파트너도 싸움을 좋아하지 않는 온순한 성향이다. 어느 날 두 사람 모두 힘들고 스트레스 심한 하루를 보내고 퇴근한다. 집에 온 당신은 다용도실의 꽉 찬 쓰레기통을 발견한다. 이번 주 분리수거 담당인 파트너가 전날에 할 일을 빼먹은 것이다. 당신은 당신도 모르게 파트너에게 아주 퉁명스러운 어조로 타박하듯 왜 아직도 분리수거가 안 되어 있느냐고 따진다. 평소와는 다른 공격적인 말투에 상대방은 당황하고, 결국 대화는 날 선 싸움으로 고조된다.

"당신도 빼먹을 때 있잖아."

"난 딱 한 번 그랬지. 당신은 이게 몇 번째야?"

작은 말싸움은 얼마 뒤 걷잡을 수 없는 감정 대립으로 번진다.

아주 흔한 장면이다. 세상엔 드라마틱하고 중차대한 문제로 헤어지는 커플보다 쓰레기를 버리니 마니 하는 사소한 문제로 이별까지 가는 커플이 훨씬 많을 것이다.

말싸움이 점점 고조되고 있다면 누구든 먼저 중단하는 지혜가 필요하다. 잠시 휴전하자고 이야기하고 자기 방에 들어가거나 밖에 나가는 등 단호하게 그 자리를 떠나는 것이 좋다. 이 타이밍에 '좀 더 되받아치고 싶다'는 욕구를 억누르는 것은 누구나 어렵다. 그러나 그 정도 노력도 하지 않는 상대라면 정리하는 것이 좋다.

전쟁과 휴전의 단계를 거치면 침묵의 단계가 온다. 싸움의 정도에 따라서는 며칠 동안 계속될 수도 있다. 이 단계에서도 서로 간의 스트레스가 상당한 상태이므로 쓸데없이 오래 끌지 않아야 한다. 그러다가 대화할 수밖에 없는 어떤 기회가 생겨서 원래대로 돌아오면 상황 종료다. 싸움은 대체로 이런 패턴으로 진행된다.

이 모든 과정이 멘탈이 강하지 않은 사람에게는 상당히 불편한 상황이다. 공동생활에서는 싸움의 정도에 따라 마음의 편안함 정도가 결정되기 때문이다.

우선 경솔하게 싸움의 원인을 만들지 말 것. 일단 싸움이 생기면 고집부리지 말고 중간에 일단락 지을 것. 무엇보다도 이 두 가지를 마음에 새긴 상대를 골라야만 한다.

사람은 일단 호의로 대할 것

–

인간관계의 법칙에 대한 글을 쓰게 된 이상 꼭 한 가지 강조하고 싶은 말이 있다.

'인간관계에서는 상대에게 호의로 대하면 호의가 돌아오고, 악의로 대하면 악의가 돌아온다. 그러니까 사람을 대할 때는 우선 호의로 대해야 한다.'

단순한 법칙이지만, 이걸 고려하지 않는 사람일수록 다툼을 쉽게 만든다. 이 법칙은 오래전부터 있던 인간의 선물

문화 연구 중에서 아주 큰 테마였다. 우리는 어떤 선물을 받으면 답례를 하려고 한다. 그리고 답례를 받으면 거기에 다시 답례하는 연쇄가 발생한다. 반대로 괴롭힘을 당한 사람은 똑같이 상대에게 앙갚음까지는 하지 않더라도, 적어도 호의로 대하기는 어려울 것이다. 여기서는 연쇄 악의가 발생한다. 이 습성 또한 우리가 몸소 터득하여 잘 알고 있다.

당신이 좋은 사람이라면, 당신을 존중하지 않고 함부로 대하는 상대에게 어디까지 호의로 대해야 할지 고민할 수도 있다. 그럴 때는 상대가 악의로 대하는가, 아닌가를 기준 삼으면 된다. 악의로 대하는 사람이라면 호의로 답례하지 않아도 된다. 그렇게까지 좋은 사람일 필요는 없다. 인간의 존엄은 이렇게 유지된다.

호의도 악의도 포함된 '답례'의 법칙은 우리 모두 특출한 사람 없이 대등한 인간이라는 가장 중요한 원리를 나타낸다. 그렇다면 '기본적 인권'이라는 개념이 서양에서 들어오기 전에는 어떤 사고방식이 있었을까? 바로 '대등'이라는 개념이다. 물론 신분이나 차별이 존재하는 사회의 아주 불완전한 개념이었지만 말이다.

기본적 인권은 몰라도 '내가 다른 사람에게 당하고 싶지 않은 일을 남에게도 해서는 안 된다'라는 개념은 아이들도 안다. 이 또한 대등의 원리이다.

연쇄 악의가 발생하지 않도록 가볍게 싸움을 시작하지 말 것. 계기를 만들지 않도록 최대한 주의할 것. 기본 중의 기본인 이 인간관계 원리를 모르는 사람이 정말로 많다.

사무실 복도에서 다른 팀 동료를 만나면 "오늘 날씨가 참 좋네요" 같은 인사말을 건넨다. 이 역시 호의를 보이는 행동이다. 사람들과 가까이에서 살아가는 이상, 나에게 적의가 없다는 것을 드러내 연쇄 호의를 발생시키기 위해서다. 그러므로 호의를 무시해서는 안 된다.

'상호 대등 원칙'에 대한 의식이 희박할수록 자신의 분노나 고집을 더 중시하는 사람이 되기 쉽다. 당연히 싸움도 잘 일어난다. 결혼 상대나 연인은 쉽게 연을 끊기 어려운 관계 중에서 스스로 선택할 수 있는 거의 유일한 존재다. 이런 상대로 싸움이 너무 쉽게 일어나는 사람을 고름으로써 스스로 불행을 자초할 필요가 없다. 내밀한 관계뿐 아니라 사회적인 관계를 맺을 때 역시 이러한 조건을 절대 간과하지 않았으면 한다.

미혼은
결핍이 아니다

앞서 말했듯 나는 결혼을 크게 원하지 않았는데 어쩔 수 없는 사정 때문에 혼인신고를 했다. 하지만 파트너와의 동거 생활에 대한 만족도는 높은 편이다. 나도 파트너도 서로를 어엿한 개인으로 존중하며 살고 있기 때문이다. 미혼율이 높아지고 있다고는 하지만, 아직도 우리 사회에는 결혼한 사람들이 다수에 속한다. 나이를 먹어도 평생 한 사람과 함께한다는 것이 아무래도 부담스러운 사람은 결혼하고 싶지 않은 마음과, 다수에 속하지 않는다는 불안 사이에서 갈팡질팡하게 된다. 결혼을 원하지 않는 사람이 사회의 압박을 무시하고 계속해서 싱글의 삶을 선택한다면, 우리 윗세대가 이야기하는 것처럼 나중에 크게 후회하게 될까?

결혼에 목숨 건 사회

–

예전의 견고한 사회에서는 누구나 당연한 듯 결혼하는 추세였지만, 지금은 그 의무가 느슨해지고 있다. 과연 최근 분위기만 보면 그렇게 생각할 수도 있다.

일본에서 결혼한 사람이 가장 많았던 시기는 70년대 초였다. 그 무렵은 결혼하지 않은 사람이 거의 없을 정도라서 모두가 결혼했다는 의미의 '개혼(皆婚) 사회'라고 불렸다. 요즘 세상에서 보면 최고 수준의 결혼율이었다.

일본의 높은 결혼율은 19세기 후반부터 시작되었다. 이무렵부터 모두가 결혼하여 자신의 가정을 부지런히 이뤘다. 맞선이라는 관습이 널리 퍼진 영향도 컸다. 그러나 그 전인에도 시대에는 상황이 전혀 달랐다. 당시에는 독신이 많았다. 차남, 삼남은 장남만큼 자손을 남겨야 할 필요가 없었고, 지위나 신분이 낮은 사람 중에도 결혼하지 않은 사람이 많았다. 지금처럼 독립해서 1인 가구로 사는 분위기도 아니었기에 결혼하지 않아도 대가족 안에 내 자리가 있었다.

이후 많은 사람이 결혼을 하고, '가정을 이룹시다'라는 캠페인이라도 열린 듯한 시대가 되면서 결혼은 또 다른 속박을 낳았다. 당시에는 새로운 시대의 이념으로 환영받았지만 말이다. 그렇게 결혼이 '모두가 으레 하는 것'이 되자 세월이 흘러 상황은 또 뒤바뀐다. '모두 하니까 너도 해'라는 사회의 메시지에 반발하는 움직임이 생긴 것이다.

'결혼을 왜 꼭 해야 해?'

그렇게 자연히 '결혼 붐'도 90년대 무렵에 정점을 맞이한 이후 사그라들었다.

프랑스는 전체 어린이 중에서 결혼하지 않은 커플의 아이가 60퍼센트에 이른다. 유럽에서는 이렇게 전체 어린이의 절반 정도가 혼외자인 나라가 흔하다.

일본에서는 혼외자에 대한 차별이 오랫동안 계속되어서, 지금은 혼외자가 거의 없다. 우리가 얼마나 결혼에 목숨 걸어왔는지 알 수 있다.

혼자서 행복한 삶도 충분히 좋다
-
결혼을 일러 '가정을 이룬다'라는 말을 자주 사용한다. "너도 이제 그만 방황하고 좋은 짝 만나서 가정을 이뤄야지"가 미혼이 명절마다 듣는 단골 레퍼토리다. 이렇게 말하는 사람에게 나는 진심으로 묻고 싶다.

'방황하며 살아가는 삶도 그것대로 멋지지 않나요?'

물론 결혼하고 싶은 사람은 여전히 많다. 그러나 만혼화도 더 이상 멈추지 않는 흐름이다. 결혼율이 가장 높던 시절엔 대부분 종신고용제도 아래서 회사에 다녔다. 맞선과 비슷한 사내 결혼이라는 방식이 결혼율을 높이는 데 크게 한몫했다. 당시는 이혼율도 낮았으며, 직장이 '종신'이라면 결혼도 '종신'이었다. 결혼은 그야말로 '가정을 이루는' 일이었다. 대부분의 사람이 사회 전반에 고정된 사고방식으로 살아가던 시대였다. 그런 인생을 동경하면서 "옛날이 좋았다"고 말하는 사람도 최근 눈에 띄지만, 나는 그렇게 생각하지 않는다.

나는 평생 방황하고 싶다. 방황하면서 여유롭게 행복해지고 싶다. 마음 편히 그런 행복을 추구할 수 있다면 더할 나위 없이 만족스러울 것 같다. 당신을 만족스럽게 하는 것은 무엇인가? 당신을 오롯이 당신이게 하는 것, 하루를 기쁨으로 채우는 것이 있다면 이미 충분히 충만한 인생이다.

연애는 젊은 사람의
특권이 아니다

自신을 위해 살아가는 사람이 많아졌다

어느샌가 초혼 연령대가 높아졌다. 2012년 일본의 조사에 따르면 남자는 평균 31세, 여자는 29세를 기록했다고 한다. 나는 서른 살에 연애를 시작했지만 전혀 늦었다는 생각이 들지 않았다. '젊음'에 대한 이미지는 근 수십 년 사이 완전히 달라졌다. 롤링 스톤스처럼 젊은 시절 불량한 이미지로 인기 많던 뮤지션은 70대가 되어서도 여전히 인기가 많다. 게다가 이미지 변신도 하지 않고, 여전히 「만족할 수 없어 I Can't Get No」 같은 노래를 부른다. 이렇듯 여러 아티스트의 활동도 변화에 큰 영향을 미쳤다.

'젊음'에 대한 사람들의 감각도 이제 많이 달라졌고, 연애에 대해서도 마찬가지다.

청춘은 돌아오지 않는다는 협박
–

나는 고등학생 때 공부를 잘해서 도쿄대에 들어갔다. 공부
뿐 아니라 운동도 제법 잘했다. 그리고 이 두 가지를 너무
잘했던 것이 지나친 인간관계와 과로를 초래해서 마음을
병들게 한 원인이 되었다. 마음의 병은 이후 오래 계속되어
내 인생에서 가장 큰 문제로 자리 잡았다.

　나답지도 않게 그렇게 열심히 했던 이유가 있다. 어렸을
때 공부와 운동(아니면 동아리 활동)에 모든 것을 쏟아부어야
한다는 말을 세뇌당하듯 들었기 때문이다. 지금 하지 않으
면 평생 후회한다고 말이다. 하지만 결과적으로 나는 공부
와 운동을 안 해서가 아니라, 열심히 했던 것을 평생 후회하
게 되었다. 이렇게도 말할 수 있겠다. 내 평생의 후회는 사
회가 강요하는 무책임한 인생 조언을 지나치게 믿은 것이
었다.

　젊을 때 열중해야 한다고 흔히 말하는 것 중의 하나가 바
로 연애다.

'젊은 시절은 두 번 다시 돌아오지 않는다.'

이런 협박은 한 치 앞을 살펴볼 여유가 없는 십 대에게는 꽤 잘 먹힌다. 하지만 생각해보면 모든 시절은 두 번 다시 돌아오지 않는다. 저런 말에 무슨 의미가 있을까?

중장년층의 연애가 늘고 있다

-

요즘 중장년층의 결혼이 계속 늘어나고 있다. 그 이유는 우선 중장년 세대의 이혼이 20세기 후반 무렵에 비해 상당히 늘어났기 때문이다. 남편의 정년을 계기로 이혼을 생각하는 부부가 많아진 이유도 있다. 다시 말해 요즘에는 몇 십 년이나 함께했던 부부라도 계속 참고 살지 않는다. 직장을 중간에 바꾸듯 결혼 상대도 바꾼다.

그렇게 되자 인생의 후반에 혼자가 된 사람도 늘었다. 당연히 혼자가 된 사람은 다음 상대를 찾기 시작한다. 중장년의 결혼 상대 찾기나 단체 미팅이 증가하는 현상도 화제에 오른다. 인생은 길어지고 제2의 인생도 중요해졌다. 그리고 예전보다 자기 자신을 위해 살아가는 삶을 중요하게 여기기 시작했다.

나는 편안한 관계 맺기를 지향하는 모임을 연 데 이어, 동료들과 함께 정기적으로 무료 나눔 행사를 하는 사회적 활동도 하고 있다. 두 활동 모두 주변에는 동료라고 부를 수 있는 남녀 수십 명의 편안한 인간관계가 있다. 연령은 제각각이지만 중장년층이 중심이다. 그 무리 안에서도 물론 연애하는 사람은 있다. 연애하는 사람도, 하지 않는 사람도, 정해진 짝이 있는 사람도 뒤섞여 있다.

　모두가 서로 경쟁하고 싸우듯 일제히 덤벼드는 학교의 연애와는 다르게, 중장년의 연애는 좀 더 여유 있고 자연스럽다.

젊은 시절을 빨리 졸업시키려 하는 사회

–

과거에는 나이가 차면 빨리 결혼해서 젊은 시절을 '졸업'하고, 그 이후에는 일이나 가사에만 전념해야 했다. '젊을 때 하지 않으면 평생 후회한다'라는 말이 흔했던 이유다. 회사에 들어가면 더 이상 장기 해외여행 등의 긴 계획을 잡기는 불가능했다. 그래서 모두가 대학을 졸업한 뒤 졸업여행을 떠났다. 그 여행을 통해 외국에서는 사회인이 되어서도 장기간 여행이 가능하다는 사실을 처음 알게 된 사람도 많을 것이다.

결혼과 연애 등 인생의 모든 수순에 이러한 사회적 압력이 존재해왔다. 지금은 많이 느슨해진 듯하지만, 아직도 이러한 분위기가 뿌리 깊게 남아 있는 탓에 지나치게 자신을 억제하는 사람도 많다. 사회가 강요하는 인생 조언은 당신을 위해 정해진 것이 아니다.

자신을 가장 잘 아는 사람은 자기 자신이다. 인생의 방식이란 모두에게 딱 맞는 대량생산 기성복이 아니다. 한 사람, 한 사람이 자신의 맞춤옷을 지어 입듯이 살아가야 한다.

함께 살아도
거리를 둔다

너무 가까우면 서로에게 상처를 준다

"나는 누구와 같이 살긴 힘들 것 같아"라고 말하는 사람이 점점 늘고 있는 것 같다. 주변을 둘러보면 짝이 있지만 동거는 하지 않고 교제만 지속하는 사람도 많다. 나 역시 그러한 성향에 가까웠는데 오랫동안 동거 생활을 이어온 것이 가끔은 신기할 따름이다.

자식이 없이 둘만 살면 집에서 마주하는 상대가 단 한 명뿐이다. 싸워도 누군가 개입해줄 사람이 없다. 특히 우리는 둘 다 회사에 출근하지 않아서 아침부터 밤까지 가까이 붙어서 생활하게 된다. 하루 세 번의 식사도 대부분 함께한다. 그런데도 이런 생활을 15년 이상 지속하고 있다. 이 생활을 오래 유지할 수 있었던 요령이라도 있었을까?

굳이 이유를 꼽자면 동거를 제대로 안 했기 때문이라고 할 수 있을 것 같다. 즉, 함께 살지만 너무 가까워지지 않았던 것이 동거를 오랫동안 계속할 수 있었던 비결이다. 부모님이 계신 본가에 가보면 우리의 생활과 극명하게 대비된다. 부모님은 하루 종일 함께 텔레비전을 보고 함께 잠자리에 든다. 마치 두 분이서 하나의 세상을 살아가는 듯 보인다. 바로 그 부분이 우리와 완전히 다른 점이다. 우리는 각자 다른 세상을 살고 있기 때문이다.

어떤 애정도 너무 가까우면 민폐가 된다

-

우리는 항상 각자의 방에서 생활한다. 밤에 잘 때도 따로, 세대도 따로 되어 있다. 각자 다른 일을 하고 있고, 상대방이 무엇을 하는지 잘 모를 때가 많다. 다른 사람들 앞에서 서로를 부를 때는 결혼 전의 원래 성에 '씨'를 붙여 부른다. 다만 식사는 함께 차리고 함께 먹는다. 그것조차 하지 않으면 공동생활은 완전히 제각각이 되어버릴 것이다.

만약 우리 부모님처럼 두 사람이 하나의 세상에 좀 더 가까워진다면 무슨 일이 일어났을지는 조금 상상이 된다. 아마 상대방에게 '그럴 땐 이렇게 하면 좋을 텐데'라며 간섭하고 싶은 순간이 많아졌을 것이다. 신경이 쓰여서 내버려둘 수가 없는 것이다.

상대방을 가만히 내버려둘 수 없다는 것은 결코 좋은 신호가 아니다. 그전까지는 남을 챙겨주거나 신경 써주는 것이 좋은 일이라고 여겼다. 그러나 이제는 더 이상 그렇게 생각하지 않는다.

예를 들어 부모가 자식에게 애정을 쏟는 일은 바람직하지만 애정이 너무 지나치면 사소한 일까지 간섭하고 지적하게 되고, 시키는 대로 하지 않으면 불만이 생긴다. 점점 과도한 간섭이라는 이름의 학대가 되어간다. 자녀의 학습에 지나치게 관여하며 '교육학대'를 하기도 한다.

여기에는 인간관계 전체에 적용할 수 있는 결정적인 진실이 있다. 바로 '아무리 애정을 갖고 한 일이라도 너무 가까이 다가가면 악의로 괴롭히는 것과 같다'라는 사실이다. 스토커를 보면 알 수 있다. 호의든 악의든 그건 중요하지 않다. 지나치게 가까워서 해를 가한다는 게 중요하다. 괴롭힘 문제도 마찬가지지만 우리의 일상에서 남한테 해를 끼쳐 발생하는 모든 갈등은 결국 적절한 거리를 지키지 못해서 생기는 문제다.

관계가 가까울수록 이 거리를 유지하는 것이 쉽지 않다. 저 사람이 더 잘되길 원하는 마음도 같이 커지기 때문이다. 내가 생각한 대로 상대방이 움직인다면 그의 인생에 훨씬 도움이 될 텐데, 라는 생각이 들면 참견을 하지 않기가 어렵다. 그럼에도 상대방이 자신의 뜻을 알아주지 않고 조언대로 행동하지 않으면 답답함은 더욱 커진다. 이럴 땐 어떻게 하면 좋을까? 그냥 놓는 것이 최선이다. 상대방이 선택한 것이 그의 인생에 도움이 되지 않는다 하더라도 그건 그의 몫이고 내가 어쩔 수 없는 일이다. 그렇게 생각하고 포기하는 것이 관계를 위한 최선이다.

거리를 두지 않으면 함께 멀리 갈 수 없다

–

최근 일본에서는 부부간의 '긍정적 별거'가 주목받기 시작했다. 결혼하고도 별거하는 유명인이 소개되기도 해서 '별거혼'이라는 명칭을 긍정적으로 사용하고 있다. '주말혼'이라는 말도 자주 눈에 띈다. 모두 혼인신고를 하고도 다른 장소에 살면서 가끔 만나는 결혼 생활을 의미한다.

별거 중에서도 특히 흥미로운 형태가 '졸혼'이다. 부부가 혼인 관계는 유지한 상태에서 별거를 포함하여 독립적으로 인생을 즐기는 방식을 말한다. 대부분 어느 정도 결혼 생활을 유지해온 중장년층 부부가 선택하는 것으로, 중장년층의 이혼이 증가함에 따라 졸혼 가정도 늘고 있는 추세다.

결혼 생활을 갈등 없이 지속해나가는 데 가장 중요한 태도 중의 하나는, 파트너에게 지나치게 의존하지 않는 것이다. 조사에 따르면 대부분의 중장년층 이혼은 아내가 신청한다고 한다. 가사의 전반을 아내에게만 의존하고 있었던 남편은 이혼 후 혼자서 살아가는 삶에 큰 어려움을 겪는다. 그런 점에서 중년 남성의 자살률은 이혼율과도 깊은 관련이 있어 보인다.

누구나 언젠가는 파트너를 잃는다. 자신에게 그날이 언제 올지는 누구도 정확히 예측할 수 없다. 지금 당장 누군가와 함께 산다고 해도, 자립심을 잃으면 건강하게 살아갈 수 없다.

잊지 말자. 거리를 두지 않으면 함께 멀리 갈 수 없다.

신속하게
헤어진다

도망칠 수 없는 곳은 지옥이 된다

건강할 때도 병들 때도,

부유할 때도 가난할 때도,

죽음이 두 사람을 갈라놓을 때까지

남편(아내)을 사랑할 것을 맹세합니까?

기독교식 결혼에서 목사나 신부가 묻는 맹세 서약의 전
형적인 예시다. 신경 쓰이는 부분은 '죽음이 두 사람을 갈라
놓을 때까지'이다. 과연 결혼에 이렇게까지 극단적인 충성
심이 필요할까? 원치 않았지만 결국 사이가 나빠졌을 때에
도 충성을 맹세한 만큼 참고 살아야 할까?

영국 왕실은 이혼 천국이다

-

영국 엘리자베스 여왕에게는 네 자녀가 있다. 그리고 그중 세 명은 이혼했다.

장남 찰스는 다이애나와 결혼하여 두 아이를 낳고 이혼한 뒤 56세에 재혼했다. 상대 여성도 재혼이었는데, 두 사람은 재혼하기 전까지 사실혼 관계를 지속했다고 한다. 장녀 앤은 결혼해서 두 명의 아이를 낳았지만, 이혼했다가 곧바로 재혼했다. 삼남 앤드루도 마찬가지로 두 명의 자녀를 낳고 이혼했다.

왕실이 이러하듯 요즘은 사랑에 대한 충성심의 개념도 완전히 변화하고 있다. 일본의 이혼 건수는 결혼 건수의 3분의 1에 달한다. 서양의 선진국에는 이혼율이 더 높은 국가가 즐비하다. 물론 이런 국가에서는 재혼도 많다. 또한 2차 세계대전 이후 시기부터는 어느 나라나 이혼율이 높아지고 있다.

오늘날의 사회에서 충성심은 더 이상 최우선의 가치가 아니다. '죽을 때까지 변치 않는 사랑'의 기원을 찾아보면 유럽 중세 기사의 연애까지 거슬러 올라간다. 그 당시, 영주의 아내와 기사들은 만날 기회가 많아서 자연스레 사랑이 싹트는 경우도 많았다. 인정받지 못하는 사랑에 불타오른 기사들은 영주와 그 아내에게 평생 충성할 것을 맹세하면서 목숨 걸고 사랑을 지켰다. 이러한 유럽의 연애관이 훗날 19세기 후반 무렵 일본에도 들어왔다. 그 전까지는 평생 부부로 함께한다는 가치관 따위는 없었다. 그 이전의 시대는 지금과 마찬가지로 세 쌍 중 한 쌍이 이혼하는 이혼 사회였으며, 재혼도 물론 많았다.

충성보다 자유가 낫다

-

한 사람과 평생 함께하는 것은 안전하고 안정된 인생을 살아가는 데 매우 유리한 방식인 것이 사실이다. 그래서 인간은 사랑하는 사람과 평생 사이좋게 해로하는 삶을 꿈꾸고, 그와 관련된 이야기나 맹세를 만들어낸다. 결혼한 후에도 다른 사람에게 연애 감정을 가질 위기는 누군에게나 있으므로, 그 위기로부터 안전하길 갈망하기 때문이다. 미국조차도 60년대까지는 자유로운 이혼이 인정되지 않았다.

예전의 결혼관은 평생을 한 회사에 바치는 인생관과 상

당히 비슷했다. 한 번 약속했으면 돌이킬 수가 없다. 함께하는 사람이 평생 똑같다는 것은 어찌 보면 도망칠 수 없는 관계 속에 들어간다는 걸 의미한다. 따라서 점점 '안정보다 언제라도 도망칠 수 있는 인생이 살기 편하다'라고 생각하는 사람이 늘어나기 시작했다.

에전의 나는 평생 한 회사에서 근무해야 한다는 사실이 두려웠다. 초등학교부터 대학교까지 계속 같은 학교에 다니는 생활은 상상만 해도 지긋지긋했다. 대학교의 부속 고등학교조차도 거부감이 들었다. 고등학교 입시 때 대학 부속 고등학교에도 붙었지만 가지 않았다. 만약 고등학교에서 무슨 문제가 생기더라도 대학을 졸업할 때까지 그 인간관계에서 벗어날 수 없다는 사실이 숨막혔다.

애초에 도망칠 수 없는 곳은 지옥이 된다. 문제가 생겼을 때 바로 거리를 두어 상황을 끝낼 수 있는 환경이라면, 그렇게 쉽게 지옥이 만들어지지 않는다.

'충성'보다 '자유'에 방점이 찍히기 시작하면서 사람들의 선택은 달라졌다. 한 회사에 충성을 맹세했던 사원이 이직을 하거나 프리랜서를 택한다. 평생의 해로를 꿈꾸었던 사람들이 이혼과 재혼을 반복한다. '힘들어도 참고 살아야지'라는 해묵은 압박에 반기를 들기 시작한 것이다.

친구로 돌아가는 이별도 괜찮다

–

더 이상 당신에게 좋은 에너지를 주지 않는 관계라면 헤어져도 괜찮다. 이별은 자연스러운 현상이다. 물론 평생 헤어지지 않고 산다면 그것대로 훌륭한 일이겠지만, 역시 자연스럽지는 않다.

헤어질 경우 인생의 너무 많은 부분을 도려내야 할 관계라면 '절반 이별' 방식도 추천한다. 헤어져도 연인 밖의 좋은 관계를 다시 유지하는 방법이다. 오랫동안 관계를 이어 온 커플이라면 이별로 인한 피해와 상실감이 이루 말할 수 없이 크다. 두 사람이 함께 속한 커뮤니티나 친구들 사이에서 한 사람은 관계를 유지하고, 다른 한 사람은 완전히 단절되는 경우도 적지 않다. 이런 식의 극단적인 헤어짐을 원치 않는다면 연인 사이에서 친구 사이로 관계를 재정립하는 것도 나쁘지 않다고 본다. 서로에 대해 잘 파악하고 있는 만큼 적절한 긴장감과 조심성을 갖고 대하고, 서로를 존중하면서 만나는 것도 얼마든지 가능하다.

꼭 강조하고 싶은 것은, 이별을 절대 실패나 부정적인 것으로 인식할 필요가 없다는 것이다. 이 책에서도 여러 번 강조했던 '사람은 가까이 붙어 있을수록 싫어진다'라는 원칙을 떠올려보자. 서로 상처 주는 관계를 오래 끌어서 인생 최악의 괴로운 기억을 만들고 싶지 않다면, 똑같은 갈등이 계속 반복되는 관계는 남은 생을 위해 하루빨리 정리하길 바란다.

4장   어디서나 내 마음을 편안한 곳에 둘 것

'좀 더 여유롭게 지낼걸.'

'좀 더 가벼운 대화를 많이 할걸.'

내 젊은 시절을 돌아보면 가장 많이 드는 생각이다. 진작 깨달았다면 사람들 사이에서 눈치 보는 일도, 인간관계로 인해 괴로워하는 일도 훨씬 덜했을 것이다.

사회불안장애에 시달리면서 내가 불안을 느꼈던 대상은 인간만이 아니었다. 내 주변의 모든 것에서 불안을 느꼈다. 매일 그 불안과 공포를 물리치기 위해서 내면의 강인함을 키워야만 했다. 불안장애를 겪으면 누구나 불안과 싸워야 하므로 내가 어리석은 것은 아니었다. 그러나 지나치게 진지했던 것은 분명하다. 너무 진지하고 성실했기에 오히려 죽고 싶다고 생각했다.

도망치지 않는 사람은
결국 지친다

나는 언제나 문제가 있으면 외면해서는 안 된다고 생각했다. 똑바로 마주하고 해결해야 한다고만 생각했다. 학교에서 돌아오면 인간관계를 비롯한 문제를 하나하나 늘어놓고 해결책을 생각했다. 문제가 눈앞에 있는데 보고도 못본 척 도망치는 태도를 경멸했다.

다른 사람과 대화할 때도 거짓말이나 가식을 유독 싫어했다. 실속 없이 남이 듣기에만 좋은 말을 하는 것도 '도망치는 짓'이라고 여겼다. 마음에 없는 인사치레나 사람 좋은 웃음을 짓는 것도 가식적인 행동이라고 생각해서 꺼렸다. 그렇게 점차 다른 사람과 나눌 수 있는 교감의 폭이 적어지다 보니 대화가 재밌기는커녕 긴장만 하게 되었다. 그리고 상황이 더 나빠지면 한층 더 강하게 밀어붙여서 극복해야 한다며 힘을 쏟았다. 매일이 진검승부였고, 마음은 너덜너덜하게 지쳐버렸다.

물론 그때의 고지식하고 진지한 태도가 아니었다면 지금의 나도 없었을 거라고 생각한다. 관계에 대한 고민을 담은 책을 쓰고 있는 만큼, 삶에 대한 진지한 태도를 완전히 버렸다고 할 수도 없다. 그럼에도 나는 좀 더 편안해지는 방법, 괴로움으로부터 빠르게 도망치는 법을 추천하고 싶다. 나 자신에게도 이제는 그렇게 이야기한다. 평생 잊지 못할 괴로움을 느끼면서까지 지켜야 할 가치란 이 세상에 존재하지 않는다고.

요즘에는 나도 사람들과 가벼운 대화만 하게 되었다. 그 덕에 인간관계는 비약적으로 넓어졌다. 중요한 것을 하나 잃은 듯하지만, 다른 것을 손에 넣었다. 여유와 편안함이다.

성실함을
강요하는 사회

성실함은 일본에서 특히 중시하는 삶의 태도다. 지인 중 젊은 스웨덴 사람이 일본에 왔을 때 있었던 일이다. 해외를 많이 경험했던 그에게 일본인의 특징을 물어보자 '집중'이라는 대답이 돌아왔다. 일본인은 전철을 타고 있을 때도, 거리를 걸을 때도 항상 무언가에 정신을 집중하고 있다는 것이었다. 거기에 비하면 본인이나 다른 외국인들은 쉽게 다른 곳에 한눈팔거나 정신이 산만한 편이라고 했다. 일본의 정교하고 수준 높은 애니메이션도 역시 집중의 산물일 거라고 그는 평가했다. 일본 문화의 열성팬이기도 한 그는 스웨덴에서 좌선(坐禪) 교실을 열었다.

'일본인은 성실하다'라는 말은 해외에서도 국내에서도 많이 들어왔다. 성실하다는 말 안에는 집중력도 포함되어 있을 것 같다. 한마디로 설명하기는 어렵지만, 그 뿌리는 매한가지라고 생각한다. 아마 일본의 교육이나 사회적 풍토와도 관계 있을 것이다.

그러나 일본인에게는 성실함이 너무 많이 주입되었다. 내가 십 대였던 무렵에는 그런 주입식 교육이 더욱 성행했다. 나는 결코 전형적으로 성실한 타입의 인간이 아니었지만, 다른 의미에서 극단적으로 성실하고 근면했다.

이처럼 성실하고 근면적인 삶의 태도를 어릴 때부터 주입받은 국가에 사는 사람일수록, 행복해지기 위해 마음을 편안하게 하는 기술을 반드시 배워야 한다. 이는 좋은 인간관계를 형성하기 위해서도 반드시 필요하다. 성실함도 지나치면 불행해지고, 때때로 죽는 사람도 있다는 사실이 아이러니하다. 대충대충 적당히 하는 사람이 행복해질 수 있다고 생각하면 어쩐지 불공평하다는 생각까지도 든다. 하지만 현실이 그러므로 어쩔 수 없다.

이번 장에서는 언제 어디서나 내 마음을 편안하게 두는 방향에 대해 이야기해보려고 한다.

어쩔 수 없는 일은
포기한다

(최후에 단념한 사람은 누구보다 강하다)

여기서 이야기하는 내용은 당신의 삶에도, 그리고 당신이 맺고 있는 관계에도 적용해볼 만하다. 무엇보다 중요한 목적은, 당신의 마음이 지금보다 더 편해지는 것이다.

다 놔버린 끝에 보이는 희망

–

우산 없이 빗속에서 흠뻑 젖어본 적이 있는가? 영화에서처럼 무방비 상태로 빗속을 마음껏 뛰놀며 크게 웃어본 적이 있는가?

우산도 지붕도 없는데 갑자기 비가 미친 듯이 쏟아져서 점점 몸이 젖어간다. 황급히 뛰면서 피할 곳이 없나 둘러보지만 마땅치가 않다. 마음은 불안으로 가득 찬다. 그런데 이 상태로 계속 빗속에 있는다면? 머리도 옷도 더 이상은 젖을 수 없을 만큼 흠뻑 젖어버린다면? 그때부터는 비를 피할 곳을 찾지 않아도 된다. 애써 뛰지 않아도 된다. 이 순간부터 사람은 불안에서 해방된다.

바로 이 부분이 중요하다. 마지막의 마지막에 뒤바뀐 그 끝에 있는 희망을 붙잡는 것이다.

얼마 전, 내 친구 두 명도 폭우로 완전히 흠뻑 젖어서는 큰 소리로 떠들어댄 적이 있다. 나는 나무 아래에서 적당히 젖은 채로 비 피할 곳 찾기를 포기한 그들을 부럽게 바라보았다. 친구들은 단순히 불안으로부터 해방되었을 뿐만 아니라, 어떤 강인함을 배운 듯 보였다.

포기하면 우울증이 낫는다

–

비슷한 사례로, 평생 바랐던 것을 포기함으로써 심각한 우울증이 나은 사람도 있다.

알코올 의존증인 남편의 잦은 폭언 때문에 힘들어했던 한 주부의 이야기다. 그는 남편이 바뀌길 바라며 견디는 동안 심한 우울증에 걸렸다. 하지만 '이제 바뀌지 않아', '어쩔 수 없어'라며 남편을 포기한 순간, 그 전까지의 우울한 기분과 불면은 거짓말처럼 사라졌다. 그런 그녀의 모습이 몇 년 뒤 남편의 행동까지 바꾸었다.

어떤 일을 지금보다 더 잘하려고 발버둥 치면 그 과정 내내 마음이 괴롭다. 상황을 타개하기 위해서 어느 정도의 괴로움은 필요하다. 성실한 사람일수록 한계에 다다를 때까지 포기하지 않고 괴로움을 견디며 극복하려고 한다. 그것도 나쁘지는 않다.

문제는 모든 일의 결과가 노력에 비례하는 것은 아니라는 것이다. 아무리 발버둥을 쳐도 목표와 점점 더 멀어지는 경우도 많다. 그럴 때 포기하지 않고 계속해서 발버둥 치는 건 정신 건강을 생각하면 그리 현명한 태도는 아니다. 이미 조금씩 가슴 한구석에서는 포기하려는 마음이 자라나고, 점점 포기하는 쪽으로 마음이 기울 것이다. 그럴 때 절대 포기는 없다는 고집을 계속해서 세우면 양가적인 마음 사이에서 갈팡질팡하며 괴로움만 커진다.

앞서 소개한 주부 역시 아마도 어느 시점부터는 남편을

포기해버리고 싶은 마음이 커졌을 것이다. 그리고 결국 그 솔직한 마음을 인정한 순간부터 치유가 시작되었다.

　괴로움으로부터 편안해지는 길은 두 가지가 있다. 아주 당연한 한 가지 방법은 고난을 극복하는 것이다. 물론 가장 이상적인 길이다. 그러나 세상은 그렇게 호락호락하지 않다. 그때 의지할 수 있는 다른 하나의 길은 극복을 포기하는 방법이다.

　물론 포기했으므로 문제는 그대로 존재한다. 아쉬움과 미련이 두고두고 남을 수도 있다. 하지만 포기를 함으로써 얻을 수 있는 좋은 점도 있다. 바로 흠뻑 젖은 사람이 얻는 일종의 강인함이다.

　'이제 아무것도 잃을 게 없다.'

　마지막의 마지막에 단념한 사람은 강하다. 안 좋은 일이 수없이 거듭된 끝에 도달하는 무외(無畏)의 경지를 나는 오래도록 믿어왔다.

죽음이라는 단념

–

세상에서 인간이 가장 통제할 수 없는 영역이 삶과 죽음이다. 모든 사람은 죽음에 저항하고 저항하다가 결국 저항하지 못하고 죽는다. 대부분의 사람은 죽음 직전까지 가도 '포기하면 편해진다'라는 경지에 이르지 못할 것이다.

죽음이 너무 멀리 있어서 실감하기 어렵다면 '늙음'을 생각해봐도 좋다. 누구나 노화에 저항하며 살아가고 있지만, 거기에서 완전히 도망칠 수 있는 사람은 아무도 없다. 능력도 외모도 정신도 쇠해가고, 그때마다 작은 포기를 쌓아가야만 한다.

이렇게 생각하면 생물의 삶이란 문제를 극복하려고 싸우며 발버둥 치는 상태 그 자체다. 먹을 것과 더욱 쾌적한 환경을 찾으려고 계속 발버둥 치는 존재 말이다. 그리고 마지막에 다가오는 죽음의 시간은 '모든 것을 포기하고 내려놓는 순간'이다.

마음의 건강을 지키기 위해서는 반드시 죽음을 생각해야 한다. 모든 것을 상실하는 죽음 앞에서 우리는 손쓸 방법이 없다. 반면 마음의 평화를 위해 포기할 것은 얼마든지 있다.

나는 글쓰기를 시작했던 90년대에 펴낸 모든 책의 밑바탕에 이런 개념을 깔아두었다. 예를 들면 『완전 자살 매뉴얼』이라는 책에서 "만일의 경우, 최악의 상황에서는 죽을 수도 있다고 생각하면 마음 편히 살 수 있다"라고 말했다. 이 말은 포기하는 힘을 살려내는 한 가지 방법으로, 나에게도 오랫동안 마음의 버팀목이 된 문장이었다.

절반 이상의 인생을 보낸 지금, 내 모든 인생을 걸고 얻어낸 가장 중요한 마음가짐이 바로 이것이다. 나의 행복, 나의 안위를 평생 내팽개쳐도 좋을 만큼 중요한 건 세상에 없다.

분노는 적어도
하룻밤 이상 재운다

(충동에 내 입을 맡기지 않는다)

분노가 치밀어 오르면 이상하게 어떤 행동이라도 하고 싶은 충동이 솟구친다. 분노를 일으킨 상대에게 반박하거나, 제삼자에게 그것을 토로하거나, 아니면 SNS에라도 글을 쓰고 싶어진다. 혹은 다른 것으로 어떻게든 마음을 달래기도 한다.

SNS나 각종 커뮤니티는 하루치의 '분노할 거리'가 하나 더 더해지는 창구가 되었다. 내가 쓴 글에 누군가 부정적인 댓글을 달아놓기만 해도 쉽게 욱하게 된다. 상대방을 불쾌하게 하려는 의도가 다분한 댓글이면 더더욱 평정심을 유지하기 어렵다.

이런 분노는 어떻게 처리하면 좋을까? 가장 좋은 방법은 '기다림'이다.

분노에 사로잡히면 '곧바로 반박하고 싶다'라는 격한 충동이 올라오기 쉽다. 그럴 때일수록 기다려야 한다.

흔히 6초 동안 기다리라고 말하지만, 그건 직접 대화하고 있을 때에 해당된다. 6초로는 너무 짧다. 상대방에게 어떻게 대응할지는 적어도 하룻밤 자고 나서 정하는 것이 낫다. '내일 아침이 되기까지는 아무것도 하지 않겠어'라고 단호하게 결론지어야 한다.

6초, 이성이 작동하기까지의 시간

–

내가 이렇게 말하는 데는 과학적인 이유가 있다.

만약 누군가의 짜증나는 글을 보고 분노를 느낀 직후라면, 상대방에게 어떤 조치든 취하고 싶을 것이다. 그 사람의 다른 글을 열심히 보거나 반론의 글을 정리하는 등 어떻게든 자신의 분노를 가라앉힐 행동을 하려는 마음이 가득할 것이다. 분노란 애초에 상대에게 반격하고자 하는 신체적 반응이라고 볼 수 있다. 분노가 일면 상대방에게서 멀어지려는 방향성 따위는 사라진다. 만약 멀어지고 싶은 마음도 같이 솟아난다면 그것은 동시에 공포도 느낀 탓이다.

야생의 세계를 떠올려보자. 다른 종의 위협이 있을 때 곧바로 반격하지 않으면 살아남을 수 없다. 곧바로 행동할 수 있도록 분노와 관련된 뇌 내 물질이 분비되어 몸은 전투태세로 바뀐다. 이것은 인간의 뇌에 오래전부터 있던 부분이 일으키는 반응으로, 다른 생물에서도 같은 작용이 일어난다. 그러나 인간은 훗날 이러한 충동을 억누르는 이성도 함께 발달했다.

즉각적으로 행동하려는 오래된 뇌와 이성으로 억누르려는 새로운 뇌가 서로 부딪히는 순간이 분노를 느낀 직후의 상태다. 6초를 기다리라는 말은 이성이 작용하기까지 6초 정도 걸리기 때문이다.

화난 직후가 가장 위험하다

–

물론 신변의 위험에 처한 상황이라면 곧바로 행동으로 옮기는 것이 맞다. 또 상대방이 명백하게 잘못된 언행을 일삼을 때도 무조건 참고만 있어서는 안 된다. 그러나 일상적으로 느끼는 분노의 대부분은 그리 긴급 상황도 아니고, 반론이 반드시 필요하지 않은 상황도 많다. 혹 반론이 필요할 때라 해도 어느 정도는 분노를 억눌러야만 현명한 처신이 가능하다.

무엇보다 큰 문제는, 화가 난 직후에는 공격하고자 하는 욕구가 가장 강하다는 사실이다. 분노를 억누르면서도 상대에게 대응하려면 더없이 괴롭다. 마음속으로는 부아가 치미는데 반박할 논리를 생각하면 머리도 잘 안 돌아간다. 이 상태에서 글을 쓰면 부정적인 감정 상태가 문장 속에 고스란히 드러날 것이다. 대면 대화라면 더더욱 말투나 표정에 드러난다. 그럼 그 분노는 상대에게도 고스란히 전해져 끝없는 분노의 대갚음이 시작된다. 인터넷상에서 이런 소모적인 싸움을 주고받는 모습을 흔히 보았을 것이다.

당장 화가 솟구치는데 꼭 해야 할 말만 담백하게 전하기란 쉽지 않은 일이다. 그러므로 어떤 상황에든 이것을 철칙으로 삼아야 한다.

'감정이 앞설 땐 아무것도 하지 않는다.'

하룻밤 자고 나서 맑은 정신으로 결정하면 된다. 분명 아침에는 전날 밤과 다른 판단과 느낌이 들 것이다. 자기 자신조차 잊을 정도의 분노는 사라진 뒤이기 때문이다. 불과 어제 하려고 맘먹었던 말이 너무 지나치다는 생각이 들지도 모른다.

분노는 일단 지나갈 시간을 줘야 한다. 그래야만 이성적으로 대응할 수 있고, 이성적으로 대응해야만 화를 입지 않는다.

분노에도 게으름을 피우자

-

직장이나 모임에서 누군가가 당신에게 불쾌감을 안겨주는 말을 했다고 가정해보자. 그 순간 당황한 당신은 아무런 대응도 하지 못했다. 하루 동안은 분하고 억울할 수 있다. 그러나 하룻밤 자고 나서 전날의 분노도, 되갚아주고 싶은 의욕도 사라졌다면 그대로 아무것도 하지 않아도 괜찮다.

반대로 하루가 지나도 복수하고 싶은 마음이 사그라지지 않았다면? 그럴 때 좋은 방법이 있다. 평상시의 게으름 피우던 모습을 떠올리자.

'그동안 내가 하기로 맘먹었던 모든 일을 빠뜨리지 않고 했던가?'

'이 일이 필사적으로 매달려야 할 만큼 내 인생에서 중차

대한 일인가?

아니라면 귀찮은 일은 미루자. '무례한 사람은 저 사람이며 그건 내가 알 바가 아니다'라고 생각하고 편안하게 내버려두는 연습을 하자. 분노에 관한 한, 게으름은 훌륭한 장점이 된다.

신규 참여자가 많은 모임을 개최하면서 알게 된 사실이 있다. 사람들과 교류하는 데 중요한 필수 자질은 '스스로를 억제할 수 있는가, 아닌가'뿐이다. 대화를 매끄럽게 잘 이어나가지 못한다거나, 지식이 부족하다거나, 외향적이지 않다거나 하는 것 등은 전혀 중요하지 않다. '상대방을 공격하고 싶다', '이성을 만나고 싶다', '괴롭히고 싶다', '잘난 척하고 싶다'처럼 순간순간 치미는 욕구를 스스로 잘 컨트롤할 수 있는 사람인가, 아닌가가 중요하다. 이게 전부다.

싫어하는 사람에게
집중하지 않는다

집착에 빠지는 순간 행복은 멀리 달아난다

어떤 사람을 싫어해본 경험은 누구나 있을 것이다. 마음 깊이 싫어하는 사람을 아침부터 밤까지 계속 생각해야 한다면 그보다 더한 고문이 있을까? 혹시 당신은 이 고문 같은 일을 스스로 나서서 하고 있지 않은가? 싫어하는 사람의 SNS를 매일같이 확인하거나 시시때때로 떠올라서 짜증이 난다는 사람의 이야기를 실제로 정말 자주 듣는다.

　나쁜 일에 정신을 집중하는 행동은 과장을 좀 보태서 말하자면 '죽음에 이르는 병'과도 같다. 진짜로 그렇게 생각한다. 몇 주째, 혹은 몇 달째 이런 패턴이 반복되고 있다면 억지로라도 습관을 끊도록 노력해야 한다.

싫어하면서도 계속 보는 심리

–

사람들은 일반적으로 싫어하는 것을 보면 시선을 피하는 게 자연스러운 반응이라고 생각한다. 그래서 '일부러' 시선을 피하려고 노력할 생각은 하지 않는다.

하지만 실상은, 사람들은 싫어하는 것일수록 더 집중하는 경향이 있다. 우선 싫어하는 대상을 신경 쓰는 일은 아주 당연하고 자연스러운 행동이라는 것부터 인정해야 한다. 무서운 것을 보고 손으로 눈을 가렸다가도 다시 손을 내리고 힐끔거리는 것과 비슷한 심리다. 온라인상에서 염증이 일어난 모공을 크게 확대한 사진이 올라오면 사람들은 불쾌감을 느끼고 징그럽다고 하면서도 계속해서 그 영상을 본다. 실제로 미용업계 광고에서는 일부러 이런 영상을 활용한 광고를 한다고 하니, 이런 반응은 어느 정도 보편적인 심리임을 알 수 있다.

무섭거나 거부감이 드는 대상을 계속 들여다보는 심리 기저엔 '좀 더 알고 싶은 욕구'가 깔려 있다. 싫어하는 사람을 계속 관찰하고 그와 관련된 정보를 찾아보는 심리도 마찬가지다. 자신이 왜 그를 싫어하게 되었는지 더 알고 싶고, 이해하고 싶고, 나아가 정당성을 부여받고 싶어 계속해서 그를 주시한다. 상대방이 자신을 위협할 만한 무기를 가진 존재라면 그 행동은 더 적극성을 띤다. '공격받을 수 있다'라는 불안감 때문에 더 알고자 하는 욕구도 덩달아 강해지는 것이다.

그렇게 자신의 소중한 일상이 '싫은 사람을 관찰하는 일'로 점철된다. 그 와중에 그가 또 신경을 건드리는 언행을 하면 '내가 왜 그로 인해 짜증이 나는지'를 집요하게 분석한다. 이 행동을 계속하는 한, 대부분의 시간 동안 머릿속은 싫은 사람으로 가득차고 만다.

나쁜 것만 생각하면 죽고 싶어진다

–

앞서 '죽음에 이르는 병'이라며 과장해 말했던 이유가 있다. 옆에서 볼 때는 그렇게 나쁜 환경과 상황에 놓인 게 아닌 듯한데 극심한 절망에 빠져 자살하는 사람들이 있다. 이유를 간단하게 말하면, 나쁜 부분에만 신경을 집중했기 때문이다. 예컨대 미래에 대한 불안이나 과거의 실패에 대한 지나치게 부정적인 생각이다.

불안과 실패만 신경을 쓰면 실제 상황과 관계없이 '이 절망적인 세상에서 좋은 일이 생길 리 없다'라고 느끼게 마련이다. 실제로 좋은 일은 거의 없을지도 모르지만, 그렇게까지 나쁘지 않은 상황인데도 심한 절망에 빠진다. 인지적 왜곡의 전형적인 특성이다.

나 역시 인생의 많은 시간을 이런 생각으로 보냈다. '문제를 직시해야 해', '비겁하게 도망쳐서는 안 돼'라는 원칙에 몰두한 나머지, 대부분의 시간 동안 내 인생의 나쁜 부분에 몰입했다. 문제를 분석하거나 해결하지 않고 그냥 지나치는 게 불가능했다. 그러면 찜찜한 걱정이 따라왔기 때문이다. 생각에도 관성이 있어서, 이런 식으로 평상시 안 좋은 생각들만 떠올리면 우리의 의식은 부정적인 생각들에 그야말로 파묻히고 만다.

인생은 짧고 불안은 길다

-

철이 들 무렵부터 나는 온갖 불안과 걱정에 휩싸인 채 살아갔다. 그러다 중년이라고 불리는 나이가 되자 문득 끝을 알 수 없는 공포를 느꼈다.

'쓸데없이 계속 걱정만 하고 살다가는 이대로 인생이 끝

나버리겠구나.'

그건 정말 끔찍했다. 이후로는 의식적으로 나쁜 생각을 끊어내려고 기를 쓰고 노력했다.

항상 불안한 인간이었던 나는 절망에 빠진 내 상태에 어떤 애착마저 갖고 있었다. 희망적인 인간이 되는 데 거부감이 들 정도였다. 하지만 그럼에도 불구하고 벗어났다.

'슬프고 괴로운 생각은 지금껏 살아오면서 충분히 했어. 여기서 끝내자.'

'지옥 여행은 이 정도로 됐어.'

결국 불안한 인간의 삶에 지쳐버렸는지도 모른다.

물론 곧바로 좋은 변화가 일어나지는 않았다. 하지만 돌이켜보면, 그때부터 일진일퇴를 거듭하면서도 절망으로 가득 찬 인간은 점점 사라져갔다. 그리고 이제 꽤 긍정적인 사람이 되었다. 정말 다행이라고 생각한다.

당신이 진심으로 지금 당장 변해보려는 마음이 들지 않는다면, 그건 그것대로 괜찮다. 하지만 행복은 온 마음을 다해야만 붙잡을 수 있다. 딱히 나쁜 행동을 하지 않아도 최악의 상태로 10년 정도는 아무렇지 않게 지나간다. 그 정도로 인생은 무서운 법이다.

내 손 밖의 일에서 생각을 떼어내자

–

싫어하는 사람의 SNS를 들여다보고 있다면 당장 멈추기 바란다. 만일 상대방이 당신을 공격하고 있다면 염탐을 멈추기 더 힘들 것이다. 당신에 대해 뭐라고 이야기하는지 확인할 필요가 있다고 생각할 테니 말이다. 그래도 역시 당신 자신을 위해서 보는 횟수를 줄여야 한다.

머릿속에 상대방을 떠올리는 횟수를 서서히 줄여나가면 그에 대한 적의도 정보도 어느새 잊는다.

벗어나지 않고 집착을 계속 부여잡은 채 살아가면 어떻게 될까? 그에게 매 순간 사로잡혀 있을 뿐 아니라 주변 사람에게도 점차 그 분위기가 전해질 것이다. 어딘가 묘하게 화가 나고 경직되어 있는, 무서운 사람으로 비칠 수도 있다.

안 좋은 상황을 계속 고민해봤자 좋아지지는 않는다. 반대로 굳이 생각하지 않아도 상황이 호전되는 경우도 있다. 결국, 어느 쪽이든 큰 차이는 없다. 무언가에 무섭게 집착했다가 시간이 흐른 뒤에 '그게 뭐라고 그렇게 신경 썼을까' 생각한 경험이 누구나 한두 번쯤 있을 것이다. 지금 일어나는 일 역시 마찬가지다. 시야를 먼 미래에 두고 지금을 바라보자.

삶의 찬미에서
벗어난다

(인생은 그렇게 아름답지 않다)

불안과 공포로 가득 차서 살아 있다는 기분도 들지 않을 때,
'삶은 훌륭하다'라는 말을 매일같이 들으면 어떤 느낌일까?

'삶은 훌륭하다', '생명은 아름답다'라는 문구는 학교를
비롯해 어디서나 흔하게 들리는 말이며, 지극히 당연한 문
장으로 통한다.

하지만 나는 이해할 수 없었다.

모든 사람의 인생이 그렇게나 훌륭할까?

대부분 있는 그대로 말하자면 오히려 '삶은 고통'에 가깝
지 않을까. 밝게 웃는 얼굴과 웃음소리가 떠오르는 '훌륭한
삶'이라는 숨 막히는 전제는 나의 하루하루를 보잘것없게

만든다.

편안하게 살기 위해서는 우선 이 문구를 머릿속에서 지워야 한다.

삶은 훌륭하다는 거짓말

–

'일체개고(一切皆苦)'는 불교의 중요한 가르침 중 하나다. '개고'란 '모든 것은 고통'이 아니라 '모든 것은 생각한 대로 되지 않는다'라는 의미다. '삶은 훌륭하다'와는 완전히 반대의 인생관인 셈이다.

참고로 '제행무상(諸行無常)'도 마찬가지로 불교의 중요한 가르침인데, '모든 것은 움직여 변한다'라는 의미다. 생과 사의 모든 감각이 함축된 말이기에 편안한 공허함을 자아낸다. 눈부시게 내리쬐는 태양처럼 살아 있음을 찬미하는 '삶은 훌륭하다'와는 전혀 다른 느낌이다.

확실한 건 불교의 말들이 훨씬 와닿으며 마음이 안정된다는 점이다. 내가 느낀 바는 그렇다. 불교의 가르침은 친절하다.

요즘 사회에서 기본적으로 일하는 날은 주 5일, 쉬는 날은 2일이다. 인생의 메인은 휴식이 아닌 노동이다. 이것만 보더라도 인생은 그다지 훌륭하지 않다. 최대한 양보해도 고통 반, 즐거움 반이라고 말하는 편이 정확하겠다. 그렇다면 '삶은 훌륭하다'라는 부자연스러운 사상은 도대체 어디서부터 시작된 걸까?

전쟁 이후 시작된 삶에 대한 칭송

–

2차 세계대전이 끝나고 10년 이상 흐른 뒤, 학교에 부활한 도덕 수업 중 첫 번째로 나오는 중요 내용은 '생명의 존중'이었다.

일본의 경우 전쟁이 있기 전까지 도덕 수업에서 강조한 내용은 애국심과 가족애, 우정 등이었고 '생명의 존중'은 없었다. 그때까지는 계속 전쟁을 하던 시기였으므로 '생명의 존중'은 가르치지 않았을 터다. 에도 시대 이전에도 무사와 전쟁을 중시하던 시대였기에, 만약 도덕 교육이 있었다면 마찬가지로 '삶은 훌륭하다'를 가르치지는 않았을 것 같다.

전쟁 이후의 교육에서는 전쟁에 대한 반성으로 '생명'과 '삶'을 강조하기 시작했다. 전 세계에 '일본이 이렇게 바뀌었습니다'라고 드러내기 위해, 순국이나 자살 공격을 부정하는 가치관을 내세워야만 했다. 독일이 나치의 잘못을 인정했듯이 말이다.

또한 전후 '어머니 대회'라는 전국 조직이 만들어져 어머니를 주축으로 하는 큰 사회운동이 시작되었다. '어머니 대회'는 '생명을 낳는 어머니는 생명을 기르고, 생명을 지키기를 희망합니다'라는 슬로건 아래 생명 존중을 제창했다. 그리고 그 출발점은 핵실험을 반대하는 외침이었다.

전후 내세운 생명 존중 사상은 '전쟁에 의한 죽음'과 반대되는 이미지였다. 그 당시에는 전혀 이상하지 않았다. 곧 사회적으로 '훌륭한 개념'이 되어 멈추지 않는 기세로 널리 퍼졌다.

그러나 지금의 생명 존중은 반전(反戰)을 의미하지 않는다. 시대가 흐르면서 반전의 이미지는 희미해졌고, 결국 순수한 '삶의 찬미'만 남게 되었다. 이는 다양하게 죽음을 부정하는 형태로 변했다. 미성년자가 자살하면 생명 존중에 대한 교육이 부족했다고 여기고 '생명 교육'을 강행했다. 자살의 배후에는 다른 구체적인 원인이 있었을 텐데 말이다.

완화의료 분야에서는 연명 치료를 통해 하루라도 더 오래 살게 하는 것이 가장 중요해졌다. 일본은 억지로 연명 치료를 하지 않는 서양에 비해 와병 노인 수도 훨씬 많다. 개발도상국이라면 연명 치료로 와병 중인 노인을 부양할 정도의 금전적인 여유가 없을 터다. 일본의 와병 노인 수는 세계에서도 최고 수준일 것이다.

태어나지 않는 게 낫다?
–

최근 일본에서는 반출생주의가 이목을 끈다. '사람은 태어나지 않는 것이 낫다'라는 사상이다. 잡지에서 이 주제가 특집으로 편성되거나 관련 책이 화제에 오른다. 반출생주의는 유럽을 위시하여 전 세계에 오래전부터 존재했다.

'태어나지 않는 것이 나은가, 아닌가'라는 질문이 어떻게 생겨났는지 나는 상상할 수가 없다. 하지만 이런 주제에 관심이 많아지는 이유가 '삶은 훌륭하다'라는 사상에 위화감을 나타내는 것으로 생각하면 이해가 간다. '출생'이 이렇게나 축복받는 상황은 어딘가 부자연스럽다.

사회에서 인정한 '좋은 말'은 가볍게 말해도 비난받지 않는다. 그 탓에 원래는 심사숙고하거나 본인의 체험으로 확

신해야 할 말도 대수롭지 않게 양산된다. 그렇게 겉만 번지르르한 '좋은 말'이 세상에 넘쳐난다. 이런 말들이 자신의 삶과 대비되어 불안을 일으킨다면 그저 무신경하게 떠드는 소음쯤으로 치부해도 좋다. 불안과 고통의 한가운데에서 들리는 삶에 대한 과도한 찬미는 우리 어깨 위의 짐을 결코 덜어주지 않는다.

누가 뭘 했는지에
신경을 끈다

SNS를 멀리한다

이 책은 인간관계에 대해 다시 생각해보길 권유하는 책이다. 다만 여기서 반드시 짚고 넘어가야 할 부분은, 그렇다고 인간만 계속 생각하고 있으면 안 된다는 것이다.

　당신은 매일 몇 시간 정도 SNS를 하는가? 물론 이렇게 말하는 나도 남에게 뭐라 못 할 정도로 SNS를 많이 한다. 다만 '누가 뭘 했는지'에 지나치게 신경 쓰지 말라는 말을 하고 싶다. 여기서 말하는 '누가 뭘 했다'란 사회 일반의 문제가 아니라, 특정한 누군가의 일거수일투족을 가리킨다. 그 사소한 부분에 흥미를 느끼는 것도 어쩌면 인간의 본성이다.

평소 지인들과의 대화에서도 '누가 뭘 했고 무슨 말을 했는지'는 상당히 강력한 화제가 된다. 몇 사람이 대화하는 자리에서 주의를 끌고 싶으면 추상적인 이야기가 아니라 구체적으로 어떤 인물의 이야기를 하면 된다. 우리는 주변 지인이나 유명인처럼 특정한 인물에 대한 화제에 이상할 정도로 빠져든다. SNS도 결국 마찬가지다. 누가 누구와 주말에 어디에 놀러 갔는지, 누구는 최근 어디에 빠져 있는지, 끝도 없이 SNS를 보며 관찰하고 신경 쓴다.

SNS가 생기기 전에는 어떻게 이런 소식을 알았을까? 당연히 알 수 없었다. 그래도 모두 큰 불편함 없이 살았다.

무엇보다 누군가의 경험과 언행을 주제 삼아 이야기하다 보면 다음 두 가지 심리로 이어지기 쉽다. 부러워하거나, 깔보거나. 타인에 대한 정보를 쉽게 입에 올리고 쉽게 판단할수록 열등감이나 혐오감도 쉽게 생겨난다는 의미다. 인스타그램을 활발히 사용하는 영국과 미국의 십 대 소녀 세 명 중 한 명은 체형에 대한 극심한 불안과 걱정을 갖고 있다고 한다. 타인과의 잦은 비교로 인해 열등감이 싹튼 것이다.

시선에 갇힐수록 공허해진다

–

인피니티 미러infinity mirror를 아는가? 거울 두 장을 마주 보게 해서 한쪽 거울에 반사된 거울이 다른 한쪽에 반사되면, 그것이 또 다른 한쪽에 반사되는 방식으로 계속해서 무수한 거울 면이 반사되는 현상이다. 인피니티 미러를 들여다보면 무한하게 깊은 안쪽이 있는 듯 보인다. 그 깊은 안쪽을 보면 왠지 무섭기도 하다.

SNS를 보는 것은 이 인피니티 미러를 들여다보는 것과 비슷하다. SNS에서는 인간의 의식이 다른 의식을 반사해서 무한하게 펼쳐진다. 애초에 그렇게까지 보고 싶지도 않았는데 딱 끊으려고 하면 이상하게도 잘 안 된다. 결국 30분, 한 시간도 더 보게 된다.

인피니티 미러도 SNS도, 안쪽을 바라보지 않으면 그 세상은 사라지고 점차 바깥세상으로 눈을 돌려 나로 돌아올 수 있다.

'그건 그렇다 치고, 바다에 눈이 내리네'

-

그러면 어떻게 해야 인간만 생각하지 않을 수 있을까?

나는 '바다에 내리는 눈'을 떠올린다. 인간에 지나치게 몰두해서 마음이 답답해졌을 때 쓰는 한 가지 방법이다. 지금 이 순간에도 북쪽 바다 어딘가에는 새하얀 눈이 펑펑 내린다. 눈은 바다에 닿으면 사라진다. 그 광경을 조용히 마음속으로 떠올린다.

그리고 생각한다.

'그건 그렇다 치고, 바다에 눈이 내리네.'

머릿속에 어떤 생각이 휘몰아치면 마지막에 이 문장을 붙인다.

'SNS에서 오늘도 난장판이 벌어졌구나. 그건 그렇다 치고, 바다에 눈이 내리네.'

이렇게 모든 잡념 끝에 바다에 내리는 눈을 떠올린다.

'바다에 내리는 눈'의 세계는 인간은 물론이고 생물조차 없는 세상이다. 인간은 그 세상을 모르고 그 세상도 인간을 알려고 하지 않는다. 원래 지구는 그런 곳만 있었을 터다. 이렇게 고요한 광경을 떠올려 보면 마음의 건강에 상당히 도움이 된다.

어느새 우리의 시야에는 다른 사람 이야기만 가득해졌다. 그 안에서 크게 보이는 것은 아주 중요하다고 인식했다. 인간의 의식이 만들어내는 세상도, 인간관계도 중요하기는 하다. 그러나 지금 상태는 이미 지나치게 인간을 의식하는 단계에 들어서 있다. 동시에 마음은 점차 온화함을 잃어간다.

'누가 뭘 했다'라는 화제는 마치 초콜릿 같은 희한한 중독성이 있다. 정신에 해롭다는 느낌이 든다면, 안간힘을 써서라도 벗어나야 한다.

너는 너고,
나는 나다

개인주의가 우리를 구한다

나는 나의 일을 하고,

너는 너의 일을 한다.

나는 너의 기대에 부응하기 위해

이 세상에 있는 것이 아니고,

너는 나의 기대에 부응하기 위해

이 세상에 있는 것이 아니다.

너는 너, 나는 나.

만약 우연히 우리가 서로를 발견하게 된다면

그것은 아름다운 일.

그렇지 않다고 하더라도

그것은 어쩔 수 없는 일.

세계적으로 유명한 시, 「게슈탈트 기도문Gestalt prayer」이다. 저자는 프리츠 펄스Fritz Perls라는 독일 심리학자로, 그가 만든 게슈탈트 치료라는 심리요법에서 치료 대상자들은 이 시를 읊었다. 예전부터 있던 이 심리요법은 이제 거의 쓰이지 않는다. 그런데도 이 시가 지금까지도 자주 인용되고 많은 사람이 이 시를 통해 용기를 얻는다는 사실이 흥미롭다. 자신과 타인의 거리를 적당히 떨어뜨리는 것이 얼마나 어려운지, 그게 잘 되지 않아 고민하는 사람이 얼마나 많은지 말해주는 듯하다.

현대사회에서 우리는 너무도 많은 사람과 서로를 의식하고, 영향을 주고받거나 비교하면서 살아간다. 타인의 지나친 간섭이나 집착 때문에 난처해하기도 하고, 반대로 타인의 언행이 끊임없이 신경 쓰여 스트레스를 받기도 한다.

그 어느 때보다 개인의 행복과 마음의 평화가 강조되는 시대이지만, 아직도 자기 마음보다 주변 사람 시선만 살피느라 주관대로 살지 못하는 사람이 많다. 그들은 매 순간 다른 사람과 자신을 비교하며 자존감을 잃어간다. 자기답게 살아가기 위해서는 이러한 고리를 반드시 끊어내야만 한다. 현명한 개인주의자가 되어, 잃어버린 삶의 주도권을 되찾아야 한다.

개인주의는 '제멋대로'가 아니다

–

'개인주의'란 자신과 타인을 명확하게 분리하는 태도를 말한다. 결코 제멋대로 군다는 의미가 아니다. 그건 이기주의다. 진정한 개인주의란 모든 개인을 존중하는 마음에서 비롯된다. 남을 배려하고, 동시에 자신을 존중하는 마음이 굳건할 때, 건강하고 대등한 관계 맺기가 비로소 가능해진다.

우리는 지금까지 '상부상조'와 '정'을 외치면서 타인을 진정으로 배려했을까? 안 좋은 상황이 벌어진 주변 사람을 보고 "저 사람 걱정이네"라고 이야기하면서, 혹은 그에게 직접 조언하면서 순수하게 오직 걱정만 했을까? 혹시 아주 약간이라도 우월감을 느끼지는 않았을까?

사교모임을 만들어 운영하는 나는 남들이 보기에 개인주의보다 서로 의존하는 관계를 중시하는 것처럼 보일 수도 있다. 하지만 그렇지 않다. 나도 회원들이 나를 의지하지 않도록 관계를 형성한다. 이런 모임에서는 한쪽이 다른 한쪽에게 기대어 항상 정해진 누군가가 부담을 떠안는 관계가 되면 안 된다.

건전하게 서로 대등한 관계와 한쪽이 일방적으로 의존하는 관계는 확연히 다르다. 한 개인으로서 어떻게든 제 역할을 하는 사람끼리라면 어느 정도 의존 관계가 형성되어도 괜찮다. 그러나 그렇지 않은 사람들이 서로 의존한다면 위험하다.

네가 뭔데 감히 나한테 상처를 주지?

–

「게슈탈트 기도문」과 마찬가지로, 빌리 조엘Billy Joel의 히트곡 「마이 라이프My Life」의 가사를 좋아해서 한 소절만 소개하려고 한다.

당신이 뭐라 말해도 이제 신경 쓰지 않아.
이것은 내 인생.
당신은 당신의 인생을 살아줘.

나는 내버려둬.

이 가사에서는 「게슈탈트 기도문」보다 한 발 더 나아가 간섭하고 상처 주는 대상에게 맞서고 있다. '나는 내 인생을 살 테니 당신은 당신의 인생을 살라'고 말이다. 타인의 공격으로 불편한 상황에서 대부분의 사람은 소극적이고 방어적으로만 대처한다. 지속적으로 휘둘리며 가스라이팅을 당하기도 한다.

멈춰야 한다. 행동의 주체가 누구인지 분명히 해야 한다. 필요하다면 상대와 확실하게 맞설 줄도 알아야 한다.

어렵다면 마음속으로라도 반복해서 이렇게 말해보자.

"네가 뭔데 감히 나한테 상처를 주지?"

타인의 말을 존중하기 전에 당신 자신의 가치를 먼저 존중하라. 당신 앞에서 온갖 잘난 척과 대단한 척을 하는 그가 알고 보면 부족한 것투성이인 나약한 사람이란 걸 깨닫게 될 것이다.

죽고 싶어지기 전에
적당히 대충 산다

(걱정을 부추기는 문화에 놀아나지 않는다)

인생의 마지막 순간에, 살면서 가장 힘들었던 마음의 문제는 무엇이었는지 묻는다면 '불안'이라고 대답할 것 같다. 앞서 말했던 대로 내가 강한 불안을 느꼈던 대상은 인간만이 아니었다. 눈앞에 어떤 큰일이 기다리고 있으면 성공적인 결말을 상상해 본 적이 거의 없다. 대부분 나쁘기는커녕 최악의 결말을 상상했다. 그 탓에 무언가를 시도할지 말지 결정할 때 망설임이 앞서 한도 끝도 없이 결정을 미루었다.

이런 걱정은 대부분 실제로 일어나지 않으므로 좀 더 '대충' 했어도 괜찮았을 것이다. 나도 알고 있다.

나는 정말로 죽고 싶었던 적이 두 번 있었다. 그럴 때는 그전처럼 긴장감 넘치는 어두운 음악은 듣지 않았다. 대신 좀 더 여유로운 곡, 가벼운 곡만 들었다. 좀 더 마음의 여유를 갖기 위해서였다.

하지만 걱정을 완전히 없애는 건 그렇게 간단한 일이 아니다. 걱정과 불안을 부추기기만 하는 이 사회가 하나의 원인이기 때문이다.

걱정이 넘치는 도시

–

아침에 라디오를 틀면 온갖 불안한 뉴스가 보도된다. 인터넷에서 건강 관련 검색을 하면 걱정을 부추기는 질병 정보와 광고가 쏟아진다. 에스컬레이터를 타면 "손잡이를 꼭 잡고 걷거나 뛰지 마세요"라는 안내 음성이 들린다. 지하철을 타면 내리는 문에 기대지 말라는 주의 문구가 붙어 있다. 도시 속 어디를 가나 안전을 강조하는 게시판이 눈에 띈다. 지자체는 매일 스피커로 안전, 방범, 어린이 보호를 외친다.

스위스에서 온 내 친구는 걸어가는 곳마다 공사 현장의 안전 요원에게서 "발밑을 조심하세요"라는 말을 들었다며 웃었다. 스위스에서는 있을 수 없는 일이라고 한다.

나는 동남아시아 여행을 자주 가는데, 이런 주의 사항을 들어본 적이 없다. 오히려 너무 없어서 문제가 되지 않을까 걱정됐다.

일본도 2차 세계대전 이전까지는 이렇게 경고가 흘러넘치는 사회가 아니었다. 전쟁 이후, 위생이나 질병, 범죄 등 다양한 걱정거리에 주의를 주는 분위기가 생겨 언제부터인가 지나친 수준에 이르렀다.

적당히 대충 해도 괜찮다

–

애초에 다수에게 주의를 주는 이유는 지극히 일부 부주의한 사람을 위해서다.

가령 초등학교 교장 선생님이 조회 시간에 '교칙에 더 신경 써라'라는 훈화를 전교생에게 전했다면 그건 일부 부주의한 학생을 염두에 두고 하는 말이다. 이미 충분히 주의했던 성실한 학생들은 이 말을 들었을 때 당황스럽다. 그리고 그 말 또한 성실히 받아들여 더욱 주의를 기울인다.

사회 전체에서도 마찬가지다. 코로나 감염에 의한 죽음의 공포를 전하는 대대적인 언론 보도도 이미 공포로 가득 찬 사람에게는 마음을 난도질당하는 일이었다.

　이제 더 이상 경고할 필요 없다 해도 '부주의한 사람을 위해서'라고 한다면 뭐라 할 말도 없다. 하지만 이미 걱정하고 있는 사람에게 "그렇게 걱정하지 않아도 돼"라고 말해주는 날은 오지 않는다. 지나치게 걱정하는 사람의 괴로움은 결국 아무도 헤아려주지 않는다. 그렇다면 스스로 "좀 더 적당히 해도 돼"라고 말해줄 수밖에 없다.

　세상에는 좀 더 느긋하게 살아가는 지역이 많다. 특히 따뜻한 지역에서는 개방적인 성격이 많다고 한다. 걱정에서 벗어나려면 그런 지역의 여유로운 음악을 들어보는 방법도 좋다.

내일은 내일의 바람이 분다

-

일본의 재즈 밴드 크레이지 캣츠의 노래 「가만히 나에게 와」에는 '어떻게든 되겠지'라는 가사가 여러 번 나온다. 브리아 스콘버그Bria Skonberg의 「케세라세라Que Sera Sera」에도 비슷한 가사가 나온다.

　"모든 일은 될 대로 될 거야. 나중 일은 몰라."

마음이 복잡해지면 나는 이 곡을 듣는다. 원래는 할리우드 영화 주제가인데 원곡은 템포가 빠르기 때문에 재즈 버전인 브리아 스콘버그의 곡을 즐겨 듣는다. 반복하고 반복해서 들으며, 예전에는 고지식하고 진지한 모습만 있던 나도 어느 정도는 적당히, 대충 할 수 있게 되었다.

　　마지막으로, 마음을 편안하게 해주는 말이 몇 없는 일본 속담 중에서 가장 좋아하는 속담을 하나 소개하려고 한다.

　　'내일은 내일의 바람이 분다.'

너른 세상,
긴 시간을 의식한다

먼 곳을 바라볼 수 있는 장소에 가자

고민거리가 머릿속에서 떠나지 않을 때, 전망이 좋은 장소에 가서 먼 곳을 바라보면 마음이 후련해지곤 했다. 왜 그럴까 자주 생각했다.

한 가지 이유는 넓은 세상을 인식할 수 있기 때문이다. 똑같은 일상에 파묻혀 있는 우리의 시야는 아무래도 점점 좁아지게 마련다. 그러면 작은 물건을 확대 렌즈로 들여다보듯 크고 가깝게 보게 된다. 작은 걱정도 마찬가지로 확대돼서 보인다.

전망 좋은 장소에서 보는 풍경은 새삼 이 세상이 넓다는 사실을 알려준다. 그래서 마음이 후련해지는 효과가 있다.

산 정상처럼 자연환경을 전망할 수 있는 장소에서는 넓은 공간뿐 아니라 긴 시간도 동시에 느낄 수 있다. 자연에 있는 모든 것이 지나온 길고 긴 시간에 대해서도 생각해본다.

일상에 파묻힌 우리의 시야는 공간적으로 좁아졌을 뿐 아니라 시간적으로도 짧아지는 경향이 있다. 자연을 바라보면 좁아진 시야도 바뀐다.

마음의 시력 교정하기

–

지금 이 세상에 살아 있는 사람만 해도 셀 수 없을 정도로 많다. 그렇게 많은 사람이 몇 백 년, 몇 천 년의 역사 속에서 태어나고 죽기를 반복했다. 그중 문제와 고민이 없었던 사람은 단 한 명도 없을 것이다. 태어날 때는 아무것도 할 수 없기에 그 이후의 인생은 모든 것이 도전이다. 늙지 않는 사람도, 죽지 않는 사람도 없다.

더 이상 희망이 없는 문제를 맞닥뜨려 고민하는 사람은 나만이 아니다. 고민 없는 삶은 누구에게나 불가능하다. 그렇게 생각하면 아무 문제가 해결되지 않았어도 괴로운 마음이 조금 진정된다. 같은 고민을 하는 사람끼리 서로 이야기하며 마음의 안정을 찾을 수도 있다.

매일같이 성가신 일들로 고민과 걱정을 반복하면서 우리 마음의 시력은 점점 더 나빠진다. 근시안이 된다. 나처럼 집에서만 있는 사람은 특히 시선의 여유를 잃기 쉽다. 일이 바빠질 때면 좁은 세상에서 같은 일만 반복하게 되고, 그러면 꼭 사소한 집착이 튀어나온다. 양치나 목욕, 식사 준비, 산책을 몇 시에 할까, 어떤 순서로 할까 등 사소한 부분에 점점 집착하기 시작한다. 애초에 어떤 것을 먼저 해도 상관없는데도, 순서가 뒤바뀌었다는 이유만으로 스트레스를 받기도 한다.

바로 이럴 때, 한 발 물러나 사물을 전망하듯 의식해서 시선을 돌려야만 한다. 우리가 어딘가에 빠져들기 시작할 때 마음이 어떻게 움직이는가를 관찰하면 좀 더 이해하기 쉬울 것이다. 평소엔 대수롭지 않게 봤던 것도 달리 보이고 무섭게 집중하게 된다. 호기심이 자극되기 때문이다. 단기적인 유행에 마음을 빼앗기기 쉬운 이유가 바로 그것이다. 비즈니스 세계에서도 단기적인 이익에 흔들리지 말고 장기적인 관점에서 관망하라는 조언이 자주 들린다. 마음에 대해서도 마찬가지다. 시야를 넓힐수록 여유가 생기고, 좁은 시야에 갇혀 빠져들수록 작은 문제에도 무섭게 압도되어버린다는 점을 기억하자.

나만 그런 게 아니다

–

전망 좋은 장소에 가는 것 이외에 어떤 방법이 있는지도 덧붙인다.

오래된 유적을 마주할 때, 사람은 대개 비슷한 마음을 느끼게 된다. 천 년 동안 얼마나 많은 사람이 여기를 거쳐갔을까 상상하게 된다. 마음이 고요해지고, 잡념으로 가득 찼던 머릿속이 고요해지는 기분이 든다.

공원처럼 넓은 묘지에 가는 것도 좋다. 눈에 들어오는 묘비를 바라보고 있으면 이미 끝나버린 많은 인생에 대해 생각할 수밖에 없다. 셀 수 없을 정도의 괴로움과 기쁨을 경험했던 인생이 이렇게나 많다.

이는 생각의 시동을 걸어줄 뿐이다. 마음을 진정시키는 것은 넓은 세계 그 자체, 긴 시간 그 자체다. 그리고 '나만 그런 것은 아니다'라는 말을 거듭 해주는 것만으로도 마음이 어느 정도 편안해진다.

그럴 수 있다고
웃어넘긴다

긴장에서 해방되기

별일 아니라는 듯 웃으며 농담을 하면 그 전까지 진지하게 고민했던 일이 살짝 하찮게 여겨지기도 한다. 걱정에서 조금 해방될 뿐만 아니라, 실제로 고민을 유연하게 해결하게 만드는 효과도 있다.

웃음이란 무엇일까

-

불안장애가 심했던 20대 때부터 나는 불안도가 높은 만큼 '웃을 거리'를 항상 찾아 다녔다. 개그맨이나 만담, 코미디

영화나 웃긴 연극 등을 자주 쫓아다녔다. 어떻게든 긴장감에 짓눌리지 않도록 균형을 유지하기 위함이었다.

웃음에는 다양한 면이 있기에 한마디로 정의할 수는 없다. 그러나 '긴장이 풀릴 때 나오는 것'이라는 설명은 철학자 칸트를 비롯해 많은 사람이 제창한 설이다. 긴장을 누그러뜨리려고 이야기꾼이 웃음을 이용할 때도 종종 있다. 장례식처럼 긴장감 높은 곳에서 웃음이 멈추지 않는 사람도 있다. 극도로 긴장되는 상황인 만큼 반작용으로 긴장을 완화하려는 힘도 강해지기 때문이다.

일상은 긴장이 지배하는 시간이다. 그래서 한숨 돌리기 위한 웃음이 어디에든 필요하다. 또 상대를 비웃거나 무시할 때도 사람들은 웃는다. '웃음거리로 만들다'라는 말도 있다. 웃음의 다양한 기능은 각각 다르지만 분명 뿌리는 연결되어 있다. 어딘가 공통된 부분이 느껴진다.

절망의 끝에는 웃음이 있다

–

프랑스 사상가 사르트르의 대표작 중 하나인 「벽Le Mur」이라는 단편소설엔 긴장, 고민, 웃음의 관계가 아주 잘 그려져 있다. 스포일러가 되겠지만, 그 줄거리를 소개하겠다.

스페인 내전 시대에 파시스트 정권에 저항하던 주인공이 붙잡힌다. 그리고 다음 날 아침 총살을 집행한다는 고지를 받고, 같은 운명에 처한 두 사람과 좁은 방에서 공포의 하룻밤이 시작된다. 한 소년은 절망에 빠져 착란을 넘어 아무 반응도 없는 상태가 된다.

주인공도 극한의 상태에 이르지만 아침이 되자 왜인지 조금씩 웃음이 새어 나온다.

'지도자의 거처를 취조당해도 말하지 않겠다.'

이렇게 생각하니 오히려 상대방이 우스꽝스러워 보여 웃음이 새어 나온다.

그 순간 그는 생각한다.

'모든 것이 부질없구나.'

이제껏 중요하게 여겼던 사상도 국가도 대수롭지 않게 느껴진다. 죽음의 중압감으로부터 도망친 그는 병사들에게 터무니없는 장소를 말해본다. 황급히 그 장소로 가는 병사들을 속으로 비웃으며 바라본다. 하지만 그는 얼마 뒤 갑자기 석방된다. 우연하게도 지도자가 바로 그 장소에 있었던 것이다. '장소를 말하지 않겠다'라고 다짐했던 하나 남은 소중한 희망조차 잃어버린 그는 그 자리에 주저앉아서 눈물이 나올 정도로 웃고, 또 웃고, 자지러지게 웃는다.

물론 이 이야기는 허구이지만, 지금 읽어도 더할 나위 없이 리얼하게 느껴진다.

절망의 끝에서 웃음이 나오는 장면은 다른 작품에서도 볼 수 있다. 다자이 오사무의 단편 「비용의 아내」의 여자 주인공도 불행한 상황에 웃음이 멈추지 않는 버릇이 있다. 소설 속에서 그 버릇은 '문명의 끝인 대폭소'라고 불린다.

웃음은 위험에 빠진 정신을 구한다. 이 사실은 어둠 속에 있던 나에게 길잡이가 되어주었다.

궁지에 몰렸을 때는 웃음으로 승화할 수밖에 없다. 긴장 속에 사는 사람은 다른 어딘가에서라도 긴장을 해소해야 한다. 지금 고민하는 일은 어쩌면 자신이 생각한 것만큼 그렇게 중요하지 않을 수도 있다. 조금 여유를 갖고 다시 들여다보면 '뭐, 별거 아니네' 싶어질 수 있다.

마음이 긴장된 날들에는 웃음이 가장 강력한 약이 된다. 유튜브 개그 채널도 많은 도움이 된다. 우리를 웃게 만들 수 있는 것이라면 인터넷상에 차고 넘친다.

별일 아닌 고민에 짓눌린 나 자신까지, 함께 웃음으로 넘겨버리자.

불친절한 세상 곳곳에
친절한 세상을 만들자

'남들과 똑같은 인생을 살고 싶지 않다.'

'다른 사람이 나를 어떻게 생각하는지는 신경 쓰지 말자.'

'인간은 대단하지 않다.'

단지 이렇게 글만 썼을 뿐인데 마음이 한결 후련해진다.

인간관계를 맺으며 살아가는 동안, 어릴 때부터 마음속
으로만 품고 있던 내 생각은 단단하게 가슴속 응어리로 남
았다. 단순히 내 얘기를 하려고 이 책을 쓴 것은 아니지만,
나의 오랜 생각을 글로 썼을 때의 후련함은 잊고 싶지 않다.

이 책에서 나는 평소에 이야기하지 않는, 입 밖에 내기

어려웠던 솔직한 이야기를 많이 꺼내놓았다. 그 경험이 지금 내 생각의 커다란 뿌리이므로 털어놓을 수밖에 없었다.

사실 나는 원래 남들이 꺼내기 어려운 이야기를 잘 하는 사람이었다. 90년대에는 정신과에 오래 다녔던 이야기를 아무렇지 않게 하며 지인들에게도 정신과에 가보라고 설득했다. 당시에는 이런 이야기를 하는 사람이 거의 없었기에 사람들의 반응도 달랐고, 나 역시 맨 처음 말을 꺼낼 때는 아무래도 용기가 필요했다.

그러나 지금은 정신과를 찾는 사람이 훨씬 늘었고, 상담을 받고 있거나 약을 먹는다는 사실을 아무렇지 않게 이야기하는 사람도 많아졌다. 시부야Shibuya에서는 젊은 여성들이 정신과 약이 들어 있는 투명한 목걸이 지갑을 걸고 다닌다는 이야기도 들었다. 어느 저명한 정신과 의사가 "이런 현상은 쓰루미 와타루 씨의 영향 때문"이라고 말한 적도 있고, 어느 정도는 그런 영향도 있었을 거라고 생각한다.

요즘 시대에 우울증이나 불안장애 같은 마음의 병은 지극히 자연스러워 숨길 일이 아니다. 이렇게 단기간에 사람들의 의식이 바뀔 수 있다는 사실이 그저 감개무량하다.

딱히 내가 잘못한 게 아닌데 말 못 할 비밀로 품고 사는 이들이 많다. 가령 폭력의 피해자가 되었던 경험 같은 것.

아이러니하게도 피해자가 피해의 경험을 창피하게 여긴다. 마음의 병을 바라보는 시선이 바뀌었듯, 이런 아픔을 바라보는 시선도 스스로 바꾸길 바란다. 외면하고 싶은 어둠 같았던 마음속 진짜 자신의 모습도 바뀌어갈 것이다.

물론 이 모든 변화는 '내 마음이 진심으로 내킬 때' 시도하면 된다. 이 책에서 '안 해도 괜찮다'라는 말만 잔뜩 했는데, 마음이 진정으로 하기를 원한다면 당연히 계속해나가야 한다.

대중에게 무언가를 설득하는 말에는 두 가지 의도가 있다. 전체를 바꾸려는 의도와, 개인의 선택지를 늘리려는 의도. 많은 사람이 이 차이를 알았으면 한다. 내가 이 책을 쓴 것은 현재의 상황에 불안과 불만을 느끼는 사람들에게 선택지를 늘려주기 위함이었다.

지금의 세상과 다른 세상을 하나 더 만든다면, 그 세상은 반드시 인간에게 친절해야만 한다. 이 세상은 원래 친절하지 않은 곳이므로 인간을 괴롭게 만드는 것을 굳이 하나 더 만들 필요는 없다. 어딜 가도 비판, 악의, 조롱, 대립이 넘치는 세상에서 마음 편히 기댈 곳을 마련해야 한다. 그렇다면 우리가 먼저 나서서, 사회 구석구석에 친절한 세상을 만들어나가보면 어떨까?

마지막으로 남기고 싶은 말이 있다. 삶이 너무 고통스러
워 한 번이라도 죽음을 떠올려본 사람이라면 깊이 공감할
얘기다.

이 세상은 잔혹한 곳이다.
그러니 정신을 똑바로 차려야 한다.

세상의 비정함에 마음이 꺾이기 전에, 이 진실을 가슴 깊
이 새겨야 한다.
그리고 이 불친절한 세상에서 우리만큼은 좀 더 친절해
지길 바란다. 친절을 베풀 가치가 있는 사람에게, 그리고 무
엇보다 우리 자신에게.

멀어질수록 행복해진다

관계 지옥에서 해방되는 개인주의 연습

초판 1쇄 인쇄 2024년 6월 11일
초판 1쇄 발행 2024년 6월 19일

지은이 쓰루미 와타루
옮긴이 배조운
펴낸이 최순영

출판1 본부장 한수미
라이프 팀
편집 곽지희
디자인 김태수

펴낸곳 ㈜위즈덤하우스 **출판등록** 2000년 5월 23일 제13-1071호
주소 서울특별시 마포구 양화로 19 합정오피스빌딩 17층
전화 02) 2179-5600 **홈페이지** www.wisdomhouse.co.kr

ⓒ 쓰루미 와타루, 2024

ISBN 979-11-7171-220-5 03180